Début d'une série de documents en couleur

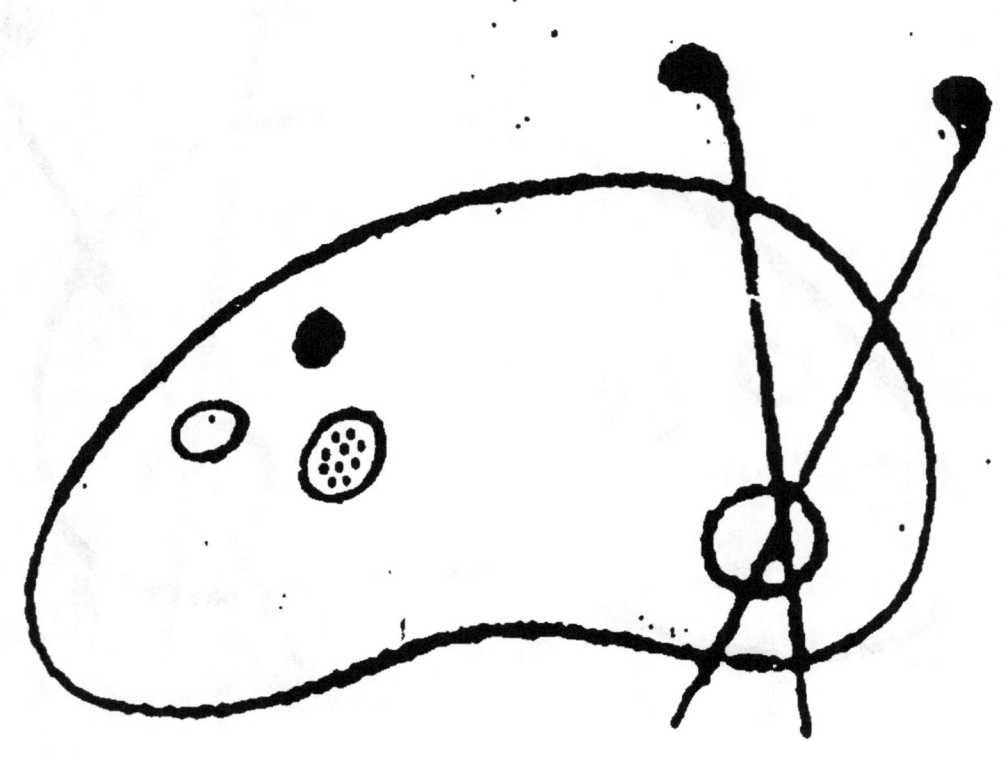

Fin d'une série de documents

L'ÉGLISE

ET

LES DERNIERS SERFS

DU MÊME AUTEUR

en préparation :

L'INSURRECTION DES CURÉS

Étude historique d'après les brochures du temps, les cahiers imprimés et les procès-verbaux manuscrits des assemblées électorales.

CH.-L. CHASSIN

L'ÉGLISE
ET
LES DERNIERS SERFS

PARIS

E. DENTU, ÉDITEUR

LIBRAIRE DE LA SOCIÉTÉ DES GENS DE LETTRES

PALAIS-ROYAL, 15-17-19, GALERIE D'ORLÉANS

—

1880

Tous droits réservés.

AVIS DE L'ÉDITEUR

M. le sénateur Henri Martin, membre de l'Académie française, a présenté à l'Académie des sciences morales et politiques un « Mémoire de M. Chassin sur les *Derniers serfs de France*, extrait du *Journal des Économistes* (livraisons de novembre 1879, janvier et février 1880). »

L'illustre auteur de l'*Histoire de France* s'est, dans la séance du 29 mai, d'après le compte rendu du *Journal officiel* du 2 juin, exprimé en ces termes :

» M. Chassin avait commencé, il y a déjà
» nombre d'années, un grand travail, *le Génie de la*
» *Révolution*, qui ne semblait annoncer que des vues
» générales et philosophiques, et qui était pourtant
» une œuvre très pratique, très positive, une œuvre

» de statistique sociale, qu'il serait très désirable de
» voir reprendre et terminer. C'est dans les publi-
» cations de la période révolutionnaire, et surtout
» dans les Cahiers des États généraux qu'il cherchait
» le génie de la Révolution. Il avait débuté par un
» volume comprenant tout ce qui regarde les élec-
» tions de 1789; puis un second volume avait com-
» mencé l'analyse des cahiers par ordre des matières :
» c'était d'abord la liberté individuelle et la liberté
» religieuse ; le reste devait suivre, et malheureuse-
» ment n'a pas suivi.

» Nous ne voulons pas, dit M. H. Martin, perdre
» l'espoir que les autres grands objets dont traitaient
» les cahiers, seront quelque jour analysés et classés
» de la même façon.

» *Les derniers serfs de France* sont en quelque sorte
» un épisode de ce vaste sujet. M. Chassin a réuni
» là tout ce qui concerne les victimes suprêmes de
» la tyrannie féodale.

» On pourra discuter sur l'appréciation de tel ou
» tel détail, ou sur la vivacité des expressions ; mais
» personne ne contestera à l'auteur la connaissance
» des faits, ni le mérite d'avoir donné le dernier mot
» sur le sujet qu'il a traité. »

Le Mémoire, dont l'historien qui connaît le mieux

la France, a fait un éloge décisif, forme le fond du présent volume.

Nous y avons ajouté la reproduction complète des *Doléances des habitants du Mont-Jura*, pièce inédite d'un intérêt capital, et divers éclaircissements, qui donnent à l'ouvrage toute sa valeur scientifique.

D'autre part, nous avons atténué certains passages du texte, touchant l'immoralité féodale, afin de rendre plus facile à répandre dans les bibliothèques populaires et jusque dans les écoles, un récit d'une authencité prouvée, très propre à entretenir l'horreur de l'ancien régime féodal et clérical, ainsi que l'amour de la démocratie républicaine.

Quant au *Génie de la Révolution*, l'auteur compte bien réaliser l'espérance exprimée par M. Henri Martin.

Il en a fait paraître : en 1863, les *Élections de 1789*; en 1865, la *Liberté individuelle et la liberté religieuse, suivant les cahiers*. Il en a détaché, en 1867, l'*Armée et la Révolution*.

Il en offre aujourd'hui au public un autre morceau : *L'Église et les derniers serfs*.

Il en prépare un troisième grand chapitre, auquel

les circonstances prêtent la plus vive actualité :
l'*Insurrection des curés*.

D'autres suivront et, les lecteurs y aidant, l'œuvre s'achèvera. La conclusion — QUATRE-VINGT-NEUF — sera prête en 1889, pour le centenaire de la Révolution française.

L'ÉGLISE
ET
LES DERNIERS SERFS

PREMIÈRE PARTIE

LA CAMPAGNE DE VOLTAIRE ET DE CHRISTIN
(1767-1779)

I

Le seigneur de Ferney.

Voltaire s'était installé à Ferney. Il était, comme il disait, « devenu de toutes les nations ; » son petit domaine s'étendait sur les territoires de France, de Savoie, de Genève et de Suisse.

Mais, pour « s'être fait roi chez lui », il ne s'était pas fait « seigneur » à la façon des propriétaires féodaux de son temps, exploitant avec autant d'inintelligence que de vanité la matière rurale, gens, bêtes et champs. Au contraire, il considérait ses paysans comme des hommes; il se plaisait à les catéchiser dans son église, — *Deo ere-*

xit Voltaire, — à les égayer le dimanche dans sa salle de spectacle ou sur la pelouse de son château, et il savait toute la semaine les faire travailler, joyeux et libres, de mieux en mieux instruits, à leur plus grand profit comme au sien.

Le petit pays de Gex, dont le philosophe parisien ne possédait qu'une partie restreinte, n'était, avant son arrivée, qu'un désert improductif. Il y créa une agriculture et une industrie.

Ce fut même sur ce coin de terre que, Turgot collaborant avec Voltaire, se fit le premier essai de l'abolition de la Ferme générale et de la liberté du commerce selon l'idéal de nos premiers économistes, les physiocrates.

A l'un d'eux, Dupont, — le futur Dupont (de Nemours) de la Constituante, — le seigneur de Ferney écrivait, une quinzaine d'années après son installation :

« Les vraies richesses sont chez nous. Elles sont dans notre industrie (agricole). Je vois cela de mes yeux. Mon blé nourrit tous mes domestiques ; mon mauvais vin, qui n'est point malfesant, les abreuve ; mes vers à soie me donnent des bas ; mes abeilles me fournissent d'excellent miel et de la cire ; mon chanvre et mon lin me fournissent du linge. On appelle cette vie patriarcale ; mais jamais patriarche n'a eu de grange telle que la mienne, et je doute que les poulets d'Abraham fussent meilleurs que les miens. Mon petit pays, que vous avez vu, est entièrement changé en très peu de temps. »

II

L'avocat des serfs.

Une telle prospérité et une telle liberté ne manquèrent pas d'attirer vers le « seigneur de Ferney » les sympathies et les doléances des victimes des maîtres voisins.

Par une femme en larmes, à laquelle tout avait été pris jusqu'à ses enfants, ou par quelque homme irrité qui fuyait le servage en maudissant les prêtres, Voltaire apprit, avec stupéfaction, que, dans le royaume de France, dans la province de Franche-Comté, végétait toute une population asservie comme en l'an 1000 !

Quelque occupé qu'il fût alors (1767) de l'affaire Sirvn, après l'affaire Calas, et qu'il dût être bientôt de l'affaire La Barre, il s'inquiéta du sort des serfs du Mont-Jura, se mit à conspirer leur affranchissement avec un très vaillant et très instruit jeune homme de vingt-quatre ans, Frédéric Christin, qui venait d'être reçu avocat et s'installait en pleine terre de « mainmorte », à Saint-Claude.

Deux lettres de la *Correspondance générale*, de février 1767 à décembre 1769, montrent qu'une intimité profonde s'est établie entre cet inconnu et l'homme universel, correspondant des rois et des impératrices. On s'appelle mutuellement « mon cher philosophe », on signe : « Écrasons l'infâme ! » Bien plus, on travaille ensemble... à « un ouvrage » !

Et qui mieux est, Voltaire prépare bon accueil « à l'ouvrage » au sein du Conseil du roi, s'il n'en envoie le manuscrit au duc de Choiseul, auquel il écrit (17 septembre 1770) :

« J'ai eu la visite d'un serf et d'une serve de Saint-Claude. Ce serf est maître de poste de Saint-Amour et receveur de M. le comte de Choiseul, votre parent, et par conséquent vous appartient à double titre ; mais le chapitre de Saint-Claude n'en a aucun pour les faire serfs. Ils diront comme Sosie :

> ... Mon Maître est homme de courage,
> Il ne souffrira pas que l'on batte ses gens.

« On les bat trop ; les chanoines les accablent, et vous verrez que tout ce pays-là, qui doit nourrir Versoix, s'en ira en Suisse, si vous ne le protégez. Le procureur général de Besançon est dans des principes tout à fait opposés aux nôtres, quand il s'agit de faire du bien. »

Le mois d'ensuite (8 octobre), c'est à Mme la duchesse de Choiseul que « le vieil ermite, très malade et n'en pouvant plus », s'adresse ; car, selon son habitude, il tient à mettre les femmes dans son jeu :

« Permettez-moi encore un mot sur les esclaves de ces moines... et sur Dieu, qui nous laisse tous dans le doute et dans l'ignorance... Je veux bien que les Comtois, appelés « francs » soient esclaves des moines, si les moines ont des titres ; mais si ces moines n'en ont point, si ces hommes pour qui je plaide en ont, ces hommes doivent être traités comme les autres sujets du roi. *Nulle servitude sans titre*, c'est la jurisprudence du Parlement de Paris. La même affaire a été jugée, il y a dix ans, à la Grand' Chambre, contre les mêmes chanoines de Saint-Claude, au rapport de M. Séguier, qui me l'a dit chez moi, en allant en Languedoc. Je vous supplie de lire cette anecdote au généreux mari de la généreuse grand'maman. »

Comme on le voit, non seulement « l'ouvrage » était prêt pour le monde, mais, pour la justice, un nouveau procès des mainmortables contre leurs seigneurs ecclésiastiques était entamé par maître Christin, sur la base de l'absence de titres des seigneurs et sur la fausseté des titres des moines, prédécesseurs des chanoines sécularisés, fausseté appuyée de documents découverts en 1766.

III

Première requête au roi contre les chanoines.

« L'ouvrage » n'est signé ni de Voltaire ni de Christin. Au bas sont inscrits les noms de « Lamy, Chapuis, Paget, procureurs spéciaux » des serfs actionnant le chapitre de Saint-Claude. Il a pour titre :

AU ROI EN SON CONSEIL, *pour les sujets du roi qui réclament la liberté en France.*

On ne compte pas du tout sur le Parlement de Besançon, on veut enlever le Conseil du roi du premier coup.

Avec tout le respect dû à ce Chapitre noble, dont les influences à la cour sont considérables, on s'attaque aux moines bénédictins, dont la sécularisation de 1742 l'a fait héritier.

On énumère les actes des ducs de Bourgogne et des rois de France, les chartes, les édits, les ordonnances qui, « d'accord avec les lois de la nature, » ont aboli la servitude que les « enfants de saint Benoît » ont maintenue, s'obstinant à « traiter des sujets du roi comme des esclaves qu'ils auraient pris à la guerre ou qui leur auraient été vendus par des pirates. »

La requête n'est pas dirigée contre la mainmorte en elle-même, — droit seigneurial qui serait, à Versailles, considéré comme une propriété inviolable, — mais contre l'absence de titres valables entre les mains des prêtres qui en abusent.

Cette mainmorte, explique-t-on, fait ceux qui la subissent esclaves de la personne, des biens, isolément et cumulativement des biens et de la personne. L'esclavage du Mont-Jura est à la fois *réel*, attaché à l'habitation, saisissant pour jamais quiconque séjourne un an et un jour, et *personnel*, poursuivant, jusqu'au bout du monde et dans n'importe quelle situation ou dignité, quiconque en est infecté.

On raconte comment certaines communautés de la montagne ont été usurpées par les moines et asservies depuis des siècles, les unes malgré des titres établissant leur franchise, les autres faute de titres, par prescription; et celle-ci ne s'est établie, n'est reconnue, que grâce à « l'ignorance » des victimes de « la cupidité, l'avarice et la fraude des moines. »

Les requérants « supplient les chanoines de faire une action digne de leur noblesse, de se joindre à eux et de demander eux-mêmes au roi la suppression d'une vexation contraire à la nature, aux droits du roi, au commerce, au bien de l'État et surtout au christianisme. »

IV

Christin à Paris.

La cause étant ainsi entamée, le jeune maître Christin la croit « dans le sac ».

Mais voici que le ministre, à qui sa femme l'a fait adopter sur l'insistance de Voltaire, tout-puissant par la Pompadour, est renversé par la Dubarry. Le duc de Choiseul est, le 24 décembre, précipité du pouvoir dans un exil, dont il ne sortira qu'à la mort de Louis XV. — « Mon cher philosophe, » écrit-on de Ferney à Saint-Claude le 31 décembre, « voici le cas d'exercer sa philosophie... Vous savez déjà que M. de Choiseul est à Chanteloup pour longtemps, et qu'il ne rapportera pas l'affaire des esclaves, qui peut-être ne sera pas rapportée du tout ! »

Que fait Christin ? Il part pour Paris.

Que fait Voltaire? Il fournit toutes les lettres de recommandation dont son impétueux ami peut avoir besoin.

Il le présente, par exemple (5 février 1771), au chevalier de Chastellux, comme « l'avocat d'une province entière, le défenseur de quinze mille infortunés opprimés *sans titre* par vingt chanoines». Il adjure le chevalier d'introduire M⁰ Christin auprès de M. d'Aguesseau, « qui égalera la gloire de son père, s'il contribue à l'abolition de l'esclavage... »

D'autre part, il écrit au conseiller d'État Joly de Fleury que l'avocat des mainmortables est « de ces hommes que l'on ne doit pas juger par la taille et qui joint à la plus grande probité une science au-dessus de son âge. » Puis, d'un trait plaisant, il explique l'affaire : « Quinze mille cultivateurs ne pourraient-ils pas être aussi utiles à l'État, du moins dans cette vie, que vingt chanoines, qui ne doivent être occupés que de l'autre ! » Pour exciter le zèle des conseillers et l'amour-propre du roi, il loue, — assez inexactement, — l'impératrice de Russie de « rendre libres quatre cent mille esclaves de l'Église grecque », rappelle que le roi de Sardaigne a depuis peu aboli la servitude dans ses États et annonce que le roi de Danemark « a la bonté de lui mander qu'il est actuellement occupé à détruire dans ses deux royaumes cet opprobre de la nature humaine. »

Expédiant ces deux lettres, que « son très cher avocat de l'humanité contre la rapine sacerdotale » remettra en personne, le « vieux malade » fortifie l'ardent lutteur contre les mécomptes qu'il prévoit malgré ses démarches :

« Je ne crois pas que cette affaire sera jugée de si tôt. Tout le monde est actuellement occupé à remplacer le Parlement. Si j'étais à Paris, mon cher philosophe, je me ferais votre clerc, votre commissionnaire, votre solliciteur; je frapperais à toutes les portes, je crierais à toutes les oreilles. Dès que vous serez prêt d'être jugé, je prendrai la liberté d'écrire à M. le Chancelier (Maupeou), à qui j'ai déjà écrit sur cette affaire; vous pouvez en assurer vos clients. Je pense qu'il est de son intérêt de vous être favorable, et qu'il se couvrira de gloire en brisant les fers honteux de douze mille sujets du roi très utiles, enchaînés par vingt chanoines très inutiles... A vous et à vos clients jusqu'au dernier jour de ma vie. »

Pas une occasion n'est manquée de faire savoir que, lui, Voltaire, « travaille vivement » pour les braves gens du Mont-Jura « traités comme des nègres par des chanoines et par des moines » et que, « leur défenseur admirable, son petit Christin », — qui ne quitte pas les abords du Conseil du roi, — mérite tout l'appui des philosophes, étant « enthousiaste de la liberté, de l'humanité, de la philosophie. (1) »

(1) Lettre à de Chabanon, membre de l'Académie des inscriptions et belles-lettres, 25 mars 1771.

V

Action énergique de Voltaire.

Cependant voici que Christin, éconduit d'antichambre en antichambre, se fatigue et veut retourner en Franche-Comté. Or, à cet instant-là, Voltaire compte sur Maupeou victorieux des Parlements et « capable peut-être, ayant brisé de mauvais juges, de faire faire au roi, *motu proprio*, un grand acte de justice. » — « Ne renoncez pas, par ennui, écrit-il au cher avocat, à une chose que vous avez entreprise par vertu... Voilà des occasions où il faut rester sur la brèche jusqu'au dernier moment. » — Et, de sa plus belle encre, il lui fabrique cette épître pour le grand chancelier de France:

« A Ferney, 8 mai 1771.

« Monseigneur,

« Sera-t-il permis à un vieillard inutile d'oser vous présenter un jeune avocat dont la famille exerce cette fonction honorable depuis plus de deux cents ans dans la Franche-Comté ? Il est un de vos plus grands admirateurs et très capable de servir utilement.

« La cause dont il s'est chargé, et que M. Chéry poursuit au conseil de Sa Majesté, est digne assurément d'être jugée par vous. Il s'agit de savoir si 12 ou 15,000 Francs-Comtois auront le bonheur d'être sujets du roi ou esclaves des chanoines de Saint-Claude. Ils produisent leurs titres qui les mettent au rang des autres Français; les chanoines n'ont pour eux qu'une usurpation clairement démontrée.

« Il est à croire, Monseigneur, que, parmi les services que vous rendez au roi de France, en réformant les lois, on comptera l'abolition de la servitude, et que tous les sujets du roi vous devront la jouissance des droits que la nature leur donne.

« Je respecte trop vos grands travaux pour abuser plus longtemps de votre patience, souffrez que je joigne à mon admiration le profond respect avec lequel j'ai l'honneur d'être, etc.

« VOLTAIRE. »

On compte tellement à Ferney sur le succès, que Christin est prié de « ne pas manquer de mettre une feuille de laurier » dans la lettre qui annoncera « le gain du procès des esclaves ».

Mais des mois se passent sans que « la feuille de laurier » arrive.

Voltaire n'en prend que plus à cœur la cause des

mainmortables. Un avocat de Dijon lui envoie des notes, d'après lesquelles il apprend que le Mont-Jura n'est pas le seul coin de France infecté par la servitude et que cette plaie laisse de larges traces à travers la Bourgogne entière; il répond à M. Perret (28 décembre) une très-belle lettre :

« ... Saint-Pacôme et Saint-Hilarion ne s'attendaient pas qu'un jour leurs successeurs auraient plus de serfs de mainmorte que n'en eut Attila et Genseric.

« Les moines disent qu'ils ont succédé aux droits des conquérants et que leurs vassaux ont succédé aux peuples conquis.

« Le procès est actuellement au conseil. Nous le perdrons sans doute : tant les vieilles coutumes ont de force, et tant les saints ont de vertu !...

« On rit du péché originel, on a tort. Tout le monde a son péché originel.

« Le péché de ces pauvres serfs, au nombre de plus de cent mille dans le royaume, est que leurs pères, laboureurs gaulois, ne tuèrent pas le petit nombre de barbares visigoths, ou bourguignons, ou francs, qui vinrent les tuer et les voler. S'ils s'étaient défendus comme les Romains contre les Cimbres, il n'y aurait pas aujourd'hui de procès pour la mainmorte...

« Ceux qui jouissent de ce beau droit assurent qu'il est de droit divin; je crois comme eux, car assurément il n'est pas humain.

« Je vous avoue, monsieur, que j'y renonce de tout

mon cœur; je ne veux ni mainmorte ni échute, dans le petit coin de terre que j'habite; je ne veux être serf ni avoir des serfs.

« J'aime fort l'édit de Henri II, adopté par le Parlement de Paris. Pourquoi n'est-il pas reçu par les autres Parlements ? Presque toute notre ancienne jurisprudence est ridicule, barbare, extraordinaire. Ce qui est vrai en deçà de mon ruisseau est faux au delà. Toutes nos coutumes ne sont bonnes qu'à jeter au feu. Il n'y a qu'une loi et qu'une mesure en Angleterre.

« Vous citez l'*Esprit des lois*. Hélas! il n'a remédié et ne remédiera à rien... Il n'y a qu'un roi qui puisse faire un bon livre sur les lois, en les changeant toutes. »

VI

La voix du curé.

La cause, portée par Christin à Versailles et à Paris, fut renvoyée à Besançon, et, pour avoir changé de membres, le Parlement n'en était pas moins demeuré protecteur de l'Église et de la propriété féodale. Il ne donna pas raison aux mainmortables en 1772, mais il laissa la porte ouverte à de nouvelles instances, le fond n'étant pas vidé.

Les raisons sérieuses, exposées en un mémoire judiciaire et gravement développées par plaidoiries, n'ont servi à rien : si j'essayais du conte, se dit le vieil et infatigable apôtre de l'humanité.

Et le voici qui lance, pour faire pleurer les dames et sourire les gens du monde :

LA VOIX DU CURÉ, *sur le procès des serfs du Mont-Jura.*

Un pauvre curé à portion congrue, raconte Candide de son style le plus simple, vient prendre possession d'un presbytère dans la montagne serve. Le syndic de la paroisse lui présente ses ouailles et, lui trouvant l'air d'un bon homme, lui expose leurs souffrances. Le curé frémit, mais n'ose croire.

— C'est, objecte-t-il, « calomnier des religieux que de supposer qu'ils aient des serfs. Au contraire, nous avons des pères de la Merci, qui recueillent des aumônes et qui passent les mers pour aller délivrer nos frères lorsqu'on les a faits serfs au Maroc, à Tunis ou chez les Algériens. »

— Eh bien, s'écrie l'interlocuteur du curé, « qu'ils viennent donc nous délivrer ! »

Une femme arrive et tombe presque aux pieds du prêtre en pleurant. Elle raconte que le fermier des chanoines a voulu la dépouiller des biens de son père sous prétexte qu'elle a couché dans le logis de son mari la première nuit de ses noces. On a lancé un monitoire contre elle ; des sbires l'ont chassée de sa maison avec ses quatre enfants, lui ont refusé jusqu'au lait qu'elle y avait laissé pour son dernier né. Elle mourrait de faim « sans le secours du célèbre avocat Christin et de son digne confrère de la Poule, qui ont obtenu du Parlement un arrêt solennel et unanime, rendu le 22 juin 1772. »

Le curé est ébranlé. Il écoute Jeanne-Marie Mermet, apprend que, dans son procès, on a parlé de titres faux, lit une *Dissertation sur l'abbaye de Saint-Claude*, rédigée par l'un des avocats (Christin), et arrive à se convaincre que, « dans plus d'une contrée, des gens appelés bénédictins, bernardins, prémontrés, avaient commis autrefois des crimes de faux et trahi la religion pour exterminer les droits de la nature. »

Oui, voit-il de ses yeux, « les tyrans de ses paroissiens ont été faussaires dans le douzième siècle, ils le sont dans le dix-huitième, ils mentent à la justice et douze mille citoyens nécessaires à l'État demeurent esclaves! »

L'indignation l'emporte, il s'écrie :

« Ah! c'était plutôt à ces colons qui achetèrent ces terrains à imposer la mainmorte aux moines; c'était aux propriétaires incontestables que ce droit de mainmorte appartenait; car enfin tout moine est mainmortable par sa nature, il n'a rien sur la terre, son seul bien est dans le ciel, et la terre appartient à ceux qui l'ont achetée. »

Troublé dans son sommeil, le bon curé a un rêve. Jésus-Christ lui apparaît, entouré de quelques-uns de ses disciples. Il l'entend demander aux chanoines de Saint-Claude :

« Pourquoi avez-vous cent mille livres de rentes et enchaînez-vous douze mille hommes au lieu de les nourrir?

— Seigneur, répond le cellerier, c'est parce que nous les avons faits chrétiens; nous leur avons ouvert le ciel, et nous leur avons pris la terre.

— Je ne croyais pas, objecte Jésus, être venu sur la terre, y avoir enduré la pauvreté, les travaux et la faim, presque constamment l'humilité et le désintéressement, uniquement pour enrichir les moines aux dépens des hommes.

— Oh! les choses sont bien changées depuis vous et vos premiers disciples. Vous étiez l'Église souffrante et nous sommes l'Église triomphante. Il est juste que les triomphateurs soient des seigneurs opulents. Vous paraissez étonné que nous ayons cent mille livres de rente et des esclaves. Que diriez-vous si vous saviez qu'il y a des abbayes qui ont deux et trois fois davantage sans avoir de meilleurs titres que nous? »

Réveillé, le curé du Jura étudie avec soin le procès des mainmortables. La sécularisation de 1742 lui donne à penser que des chanoines nobles, plusieurs n'ayant pas été nourris dans l'état monastique, doivent être exempts de « cette dureté de cœur, de cette avidité, de cette haine du genre humain, qui se puisent quelquefois dans les couvents ». Donc il va trouver « l'un de ces gentilshommes », le supplie d'aviser avec lui au moyen de terminer un procès monstrueux.

Le chanoine reconnaît les usurpations monacales; il comprend aussi que les revenus de son canonicat augmenteraient si les cultivateurs de ses terres étaient libres. Il court transmettre à ses confrères les observations du curé et les siennes.

Mais bientôt, le voilà de retour, gémissant :

« Ah ! il n'y a qu'un caractère indélébile dans le monde; c'est celui de moine !... Il faudra plaider ! »

Et le bon chanoine et le bon curé, mêlant leurs larmes, prient ainsi pour la bonne cause :

« Si notre religion, qui commença par ne pas connaître les moines et qui, sitôt qu'ils parurent, leur défendit toute propriété, qui leur fit une loi de la charité et de l'indigence; si cette religion, qui de nos jours ne crie plus que dans le ciel en faveur des opprimés, se tait dans les montagnes et dans les abîmes du Mont-Jura, ô justice sainte ! ô sœur de cette religion ! faites entendre votre voix souveraine; dictez vos arrêts, quand l'Évangile est oublié, quand on foule aux pieds la nature ! »

VII

Christin à Saint-Claude.

Tandis que se répandait la *Voix du curé*, Christin faisait imprimer la *Collection des Mémoires présentés au Conseil du roi par les habitants du Mont-Jura*, avec une série de pièces, dont l'authenticité était incontestable et auxquelles le noble Chapitre de Saint-Claude objectait seulement « qu'elles ne s'appliquaient pas aux communautés réclamantes. »

Le Parlement, mis en demeure de vérifier les actes, finit par ordonner une « vue de lieu »; mais cette expertise, entravée de toute manière, ne s'exécuta qu'en 1775, et tourna à la confusion des chanoines.

Christin avait employé le repos forcé qui suivit son retour de Paris à se marier. Grâce à la dot de sa femme sans doute, il avait pu s'établir avocat au Parlement de Besançon, mieux à portée de harceler les « tyrans de Saint-Claude » des perpétuelles revendications judiciaires de leurs victimes.

« Vous êtes, mon cher ami, lui écrivait Voltaire, le 20 mai 1773, meilleur citoyen que les anciens Romains. Ils étaient dispensés d'aller à la guerre pour le service de la République, et vous, à peine êtes-vous marié, que vous faites la campagne la plus vive en faveur du genre humain contre les bêtes puantes appelées moines...

« L'abolissement du droit barbare de mainmorte serait encore plus nécessaire que l'abolissement des jésuites, » — qui allait être prononcé par le pape le 20 juillet ; — « puisse le roi jouir de la gloire de nous avoir délivrés de ces deux pestes !...

« Bonsoir, mon cher philosophe : soyez le plus heureux des maris et des avocats. »

VIII

Propagande du Dictionnaire philosophique.

Il arrive de Gray à Ferney une nouvelle victime de « cette abominable mainmorte. »

C'est une femme qui n'explique pas bien son affaire, et dont les papiers, seule chose qu'elle ait pu soustraire aux huissiers, sont très-difficiles à déchiffrer. De plus, son cas ne s'applique pas aux moines et chanoines; elle a été saisie et dépouillée à la requête d'un ancien conseiller au Parlement exilé à Gray. De telle sorte que sa cause particulière risquerait d'être nuisible à la cause générale engagée.

Voltaire lui donne d'abord « le couvert et quelque argent »; puis, tout bien réfléchi (15-22 octobre), l'adresse à Christin qui doit prendre en main son affaire : « L'ancien conseiller, écrit-il, ne lui a laissé que sa chemise ! »

Ménager les parlementaires pour accabler les chanoines, ce serait de la petite habileté, et multiplier les procès, fût-ce contre les juges, ne peut que hâter le triomphe complet de la justice.

Ainsi pense et agit Voltaire.

S'occupant de compléter son *Dictionnaire philosophique*, publié par morceaux, il ne manque pas d'y introduire, en trois ou quatre articles différents, des pages faites pour gagner l'opinion publique à l'abolition de la mainmorte.

Au milieu de l'article *Biens d'église* se lit cette note :

« Ces deux sections sont de M. Christin, célèbre avocat au Parlement de Besançon, qui s'est fait une réputation immortelle en plaidant pour abolir la servitude. »

Après avoir établi que « l'Évangile défend à ceux qui veulent atteindre à la perfection d'amasser des trésors et de conserver des biens temporels » ; après avoir loué l'édit de 1749, rédigé par le chancelier d'Aguesseau et depuis lequel « l'Église ne peut recevoir aucun immeuble, soit par donation, soit par testament ou par échange, sans lettres patentes du roi enregistrées au Parlement » ; après avoir indiqué que « les biens de l'Église ne sont pas d'une autre nature que ceux de la noblesse et du tiers état », et que les uns et les autres devraient être assujettis aux mêmes règles, nos auteurs arrivent naturellement au détail qui les passionne le plus, aux « moines qui ont des esclaves. » De nouveau et avec une simplicité merveilleuse, de façon à éclairer et indigner tout le monde, ils décrivent la triple servitude dans laquelle tant de milliers de cultivateurs sont maintenus, en France et en Allemagne, par des bénédictins, des bernardins et des chartreux :

« L'esclavage de la personne consiste dans l'incapacité de disposer de ses biens en faveur de ses enfants, s'ils n'ont pas toujours vécu avec leur père dans la même maison et à la même table. Alors tout appartient aux moines. Le bien d'un habitant du Mont-Jura mis entre les mains d'un notaire de Paris devient, dans Paris même, la proie de ceux qui originairement avaient embrassé la pauvreté évangélique au Mont-Jura. Le fils demande l'aumône à la porte de la maison que son père a bâtie, et les moines, bien loin de lui donner cette aumône, s'arrogent jusqu'au droit de ne point payer les créanciers de son père, et de regarder comme nulles les dettes hypothéquées sur la maison dont ils s'emparent. La veuve se jette en vain à leurs pieds pour obtenir une partie de sa dot. Cette dot, ces créances, ce bien paternel, tout appartient de droit divin aux moines. Les créanciers, la veuve, les enfants, tout meurt dans la mendicité…

« L'esclavage réel est celui qui est affecté à une habitation. Quiconque vient occuper une maison dans l'empire de ces moines, et y demeurer un an et un jour, devient leur serf pour jamais. Il est arrivé quelquefois qu'un négociant français, père de famille, attiré par les affaires dans ce pays barbare, y ayant pris une maison à loyer pendant une année, et étant mort ensuite dans sa patrie, dans une autre province de France, sa veuve, ses enfants, ont été tout étonnés de voir des huissiers venir s'emparer de leurs meubles, avec des *præatis*, les vendre au nom de Saint-Claude, et chasser une famille entière de la maison de son père.

« L'esclavage mixte est celui qui, étant composé des deux, est ce que la rapacité a jamais inventé de plus exécrable, et ce que les brigands n'oseraient pas même imaginer...

« Il y a donc des peuples chrétiens gémissant dans un triple esclavage sous des moines qui ont fait vœu d'humilité et de pauvreté ! Chacun demande comment les gouvernements souffrent ces fatales contradictions. C'est que les moines sont riches, et leurs esclaves sont pauvres. C'est que ces moines, pour conserver leur droit d'Attila, font des présents aux commis, aux maîtresses de ceux qui pourraient interposer leur autorité pour réprimer une telle oppression. Le fort écrase toujours le faible : mais pourquoi faut il que les moines soient les plus forts ?...

« Quel horrible état que celui d'un moine dont le couvent est riche ! La comparaison continuelle qu'il fait de sa servitude et de sa misère avec l'empire et l'opulence de l'abbé, du prieur, du procureur, du secrétaire, du maître des bois, etc., lui déchire l'âme à l'église et au réfectoire. Il maudit le jour où il prononça ses vœux imprudents et absurdes : il se désespère, il voudrait que tous les hommes fussent aussi malheureux que lui. S'il a quelque talent pour contrefaire les écritures, il l'emploie en faisant de fausses chartes pour plaire au sous-prieur, il accable les paysans qui ont le malheur inexprimable d'être vassaux d'un couvent : étant devenu bon faussaire, il parvient aux charges, et, comme il est fort ignorant, il meurt dans le doute et dans la rage. »

Encore, à l'article *Esclaves* du même *Dictionnaire philosophique*, une section est consacrée à la main-morte :

« M. Linguet dit très justement que ce n'est pas la religion chrétienne qui a brisé les chaînes de la servitude, puisque cette charité les a resserrées pendant plus de douze siècles ; il pouvait encore ajouter que, chez les chrétiens, les moines même, tout charitables qu'ils sont, possèdent encore des esclaves réduits à un état affreux, sous le nom de *mortaillables*, de *mainmortables*, de *serfs de la glèbe*.

« Il affirme, ce qui est très-vrai, que les princes chrétiens n'affranchirent les serfs que par avarice. C'est en effet pour avoir l'argent amassé par des malheureux qu'ils leur signèrent des patentes de manumission. Ils ne leur donnèrent pas la liberté, ils la vendirent...

« Puffendorf dit que l'esclavage a été établi « par un » libre consentement des parties, par un contrat de » *faire afin qu'on nous donne.* » Je ne croirai Puffendorf que quand il m'aura montré le premier contrat.

« Grotius demande si un homme fait captif à la guerre a le droit de s'enfuir (et remarquez qu'il ne parle pas d'un prisonnier sur sa parole d'honneur)? Il décide qu'il n'a pas ce droit. Que ne dit-il qu'étant blessé il n'a pas le droit de se faire panser? La nature décide contre Grotius...

« On dit communément qu'il n'y a plus d'esclaves en France, que c'est le royaume des Francs; qu'*esclave* et *franc* sont contradictoires... Heureuse la nation française d'être si franche ! Cependant comment accorder tant de liberté avec tant d'espèces de servitudes, comme, par exemple, celle de la mainmorte?

« Plus d'une belle dame à Paris, brillant dans une loge de l'Opéra, ignore qu'elle descend d'une famille de Bourgogne ou du Bourbonnais, ou de la Franche-Comté, ou de la Marche, ou de l'Auvergne, et que sa famille est encore esclave mortaillable, mainmortable.

« De ces esclaves, les uns sont obligés de travailler trois jours de la semaine pour leur seigneur ; les autres deux. S'ils meurent sans enfants, leur bien appartient à ce seigneur; s'ils laissent des enfants, le seigneur prend seulement les plus beaux bestiaux, les meilleurs meubles à son choix, dans plus d'une coutume. Dans d'autres coutumes, si le fils de l'esclave mainmortable n'est pas dans la maison de l'esclavage paternel depuis un an et un jour, à la mort du père il perd tout son bien, et il demeure encore esclave; c'est-à-dire que, s'il gagne quelque bien par son industrie, ce pécule, à sa mort, appartiendra au seigneur.

« Voilà bien mieux : un bon Parisien va voir ses parents en Bourgogne ou en Franche-Comté ; il demeure un an et un jour dans une maison mainmortable, et s'en retourne à Paris ; tous ses biens, en quelque endroit qu'ils soient situés, appartiendront au seigneur foncier, en cas que cet homme meure sans laisser de lignée.

« On demande à ce propos comment la comté de Bourgogne eut le sobriquet de *Franche* avec une telle servitude. C'est, sans doute, comme les Grecs donnèrent aux furies le nom d'Euménides, *bons cœurs*.

« Mais le plus curieux, le plus consolant de toute cette jurisprudence, c'est que les moines sont seigneurs de la moitié des terres mainmortables.

« Si par hasard un prince du sang, ou un ministre d'État, ou un chancelier, ou quelqu'un de leurs secrétaires jetait les yeux sur ces articles, il serait bon que dans l'occasion il se ressouvînt que le roi de France déclara à la nation par son ordonnance du 18 mars 1731, que « les moines et les bénéficiers » possèdent plus de « la moitié des biens de la Franche-Comté. »

« Le marquis d'Argenson, dans le *Droit public ecclésiastique*, auquel il eut la meilleure part, dit qu'en Artois, de dix-huit charrues les moines en ont treize.

« On appelle les moines eux-mêmes *gens de main-*

morte, et ils ont des esclaves. Renvoyons cette possession monacale au chapitre des *Contradictions*.

« Quand nous avons fait quelques remontrances modestes sur cette étrange tyrannie de gens qui ont juré à Dieu d'être pauvres et humbles, on nous a répondu : « Il y a six cents ans qu'ils jouissent de ce droit ; com-
« ment les en dépouiller ? »

« Nous avons répliqué humblement : « Il y a trente
« à quarante mille ans, plus ou moins, que les fouines
« sont en possession de manger nos poulets ; mais on
« nous accorde la permission de les détruire, quand
« nous les rencontrons. »

« *N. B.* — C'est un péché mortel dans un chartreux de manger une demi-once de mouton ; mais il peut en sûreté de conscience manger la substance de toute une famille. J'ai vu les chartreux de mon voisinage hériter de cent mille écus d'un de leurs esclaves mainmortables, lequel avait fait cette fortune à Francfort par son commerce. Il est vrai que la famille dépouillée a eu la permission de venir demander l'aumône à la porte du couvent, car il faut tout dire. Disons donc que les moines ont encore cinquante ou soixante mille esclaves mainmortables dans le royaume des Francs. On n'a pas pensé jusqu'à présent à réformer cette jurisprudence chrétienne qu'on vient d'abolir dans les Etats du roi de Sardaigne ; mais on y pensera. Attendons seulement quelques siècles, quand les dettes de l'État seront payées. »

IX

Procès perdu, action nouvelle.

L'ironie des articles qui viennent d'être cités marque, chez Voltaire, du découragement. C'est à son tour « le jeune philosophe » qui l'en arrache. Il lui propose un moyen pratique de vaincre et les préjugés du Conseil du roi et les intérêts des juges de Besançon qui sont propriétaires de terres mainmortables : *Si l'on proposait un dédommagement aux seigneurs ?*

Cette idée, répond Voltaire (8 décembre 1773), « n'est certainement pas à négliger. Je pense qu'il faudrait articuler ce dédommagement, et le montrer dans un jour si clair que le ministère ne pût le refuser et que les seigneurs ne pussent pas s'en plaindre. Il faut présenter toujours aux ministres les choses prêtes à signer. La moindre difficulté les rebute quand ils n'ont pas un intérêt pressant au succès de l'affaire. Vous êtes mieux à portée que personne de rédiger toutes les conditions du traité, vous qui êtes au beau milieu de l'enfer de la mainmorte. »

Cependant, quoi que l'on tentât, rien ne pouvait aboutir avec des ministres comme les Maupeou et les Terray. Il fallait attendre que Louis XV achevât de pourrir : ce qui arriva enfin le 10 mai 1774.

L'avènement du jeune Louis XVI, prenant pour ministres un Turgot et un Malesherbes, ranime les espérances de Voltaire et de Christin. Celui-ci remet en jeu toutes ses procédures et requêtes ; celui-là toutes ses influences sur les ministres.

La marquise du Deffand, la galante et spirituelle aveugle, dans le salon de laquelle va souvent Turgot, est priée de rappeler à son ami « les quinze jours qu'il passa dans la caverne de Voltaire ». Je ne sais pas, écrit le philosophe (29 avril 1775), « ce qu'on lui permettra de faire ; mais je sais que je fais plus de cas de son esprit que de celui de Jean-Baptiste Colbert et de Maximilien de Rosny. Je ne crains pour lui que deux choses : les financiers et la goutte. Il n'y a que les moines qui soient plus dangereux. »

Ils le sont encore au point que, — l'ancien Parlement, d'ailleurs, se trouvant rétabli à Besançon, comme partout, — le chapitre de Saint-Claude fait rejeter les conclusions de l'expertise commandée par le Parlement Maupeou et juger qu'il n'importe point qu'on manque de titres vu que « la mainmorte est imprescriptible ! »

M° Christin réplique aussitôt par un nouveau *Mémoire*, tel que son ami de Ferney lui déclare (10 août 1775), « n'avoir jamais rien vu de si bien fait. »

Mais les chanoines produisent une reconnaissance, passée en 1654, devant un notaire étranger, par vingt-quatre habitants de Longchaumois, sans pouvoirs réguliers de cette paroisse de quatre cents feux, très-évidemment arrachée par ruse, sinon supposée.

Le Parlement ne tient aucun compte de l'érudition solide, ni de l'éloquence émue du défenseur des serfs. Le 18 août 1775, par sept juges contre trois, il rend un arrêt maintenant le chapitre de Saint-Claude « dans la possession de la mainmorte générale et territoriale, personnelle et réelle. » La Cour n'oublie pas de condamner les requérants aux dépens et de « mettre quatre mille francs d'épices sur l'arrêt ! (1) »

N'est-ce pas un défi aux intentions généreuses du roi, aux opinions libérales de Turgot ? Christin voudrait repartir tout de suite pour Paris et faire appel au Conseil.

— « Inutile ! » lui répond Voltaire, « transporté d'admiration pour son courage et celui de ses clients. »

Et, dans une longue lettre (du 1er octobre), il lui démontre, d'une part, l'impossibilité de poursuivre

---

(1) D'après le *Cahier* manuscrit des mainmortables, que nous produisons dans la deuxième partie de cette étude.

une lutte judiciaire trop coûteuse et d'une inefficacité prouvée; d'autre part, il lui trace le plan d'une nouvelle opération ministérielle, qui ne saurait manquer de réussir avec des hommes d'État comme « les philosophes » qui se trouvent au pouvoir :

« Le Parlement de Besançon, ayant à expliquer son arrêt, se retrancherait sur les vingt reconnaissances de mortaillables : nouvel abîme que de disputer la validité des signatures. Les juges, devenus vos parties, vous traiteraient avec la plus grande rigueur. Vous appesantiriez vos chaînes au lieu de les briser : voilà ce que je crains.

« Je suis très persuadé qu'il n'y a que M. de Malesherbes et que M. Turgot capables de seconder vos vues généreuses. Ils ont des amis dignes d'eux, qui leur représenteront l'horreur de la servitude où l'on gémit encore dans un pays que l'on nomme libre. M. de Malesherbes sera animé par l'exemple de son grand-oncle, le président de Lamoignon ; M. Turgot le secondera avec toute la noblesse et la fermeté de son âme ; Louis XVI se fera un devoir d'imiter Saint-Louis : c'est ce que j'espère et ce qu'il faut tenter.

« Nous y travaillerons très vivement, et nous aurons pour nous tout Paris sans exception. Cela vaut mieux que d'avoir contre nous tout Besançon, en nous présentant sous la triste forme de gens qui plaident contre leurs juges... Tout nous assure du succès, avec des ministres comme MM. Turgot et de Maleshesbes, et avec un roi équitable tel que nous avons le bonheur de l'avoir. Nous engagerons d'abord les amis des ministres à leur parler, avec la plus grande force, en faveur de l'humanité. Je vous prierai de venir faire un tour à Ferney, et nous rédigerons ensemble un mémoire.

« Vous pouvez cependant lier une espèce d'instance au conseil, au nom des mainmortables condamnés au parlement de Besançon. Cette instance, qui ne sera point suivie, servira seulement de préparation au grand *édit du roi*, qui doit déclarer que ses sujets n'appartiennent qu'à lui, et ne sont point esclaves des moines.

« En un mot tout nous est favorable, l'exemple de la Sardaigne, à qui la France vient de s'unir par trois mariages, les sentiments de M. de Malesherbes et de M. Turgot, l'équité et la magnanimité du roi ; je ne crois pas qu'on puisse jamais être dans des circonstances plus heureuses.

« Consolons-nous, mon cher ami, et espérons...

« *Le vieux malade de Ferney.* »

X

Mémoire contre la Coutum

L'avocat Christin se hâte naturellement d'accepter, comme un ordre, l'invitation de Voltaire. Il accourt à Ferney, et bientôt Versailles, Paris, l'Europe sont inondés d'un mémoire intitulé :

Coutume de Franche-Comté, *sur l'esclavage imposé à des citoyens par une vieille coutume.*

Cela n'a guère que douze pages, mais c'est un chef-d'œuvre d'exposition, de logique et de cordialité. Christin a donné toute sa science de l'histoire, toute son expérience juridique ; Voltaire toute la lumière gaie de l'esprit français.

Est-ce possible à résumer ? Essayons, faute de pouvoir reproduire.

La Franche-Comté est réunie depuis un siècle à la

France ; elle garde sa coutume particulière. Etre Français, c'est être libre. La moitié des Francs-Comtois ne l'est pas.

La coutume locale a établi deux espèces de mainmorte et d'esclavage.

D'après l'une, la personne est mainmortable, c'est-à-dire que le seigneur hérite nécessairement d'elle, si elle meurt sans que ses enfants vivent et demeurent avec elle depuis la naissance sans interruption et usent du même pot et du même feu. Impossible au fils de s'absenter du toit paterne ; pas d'industrie, pas de commerce, pas de progrès réalisable.

D'après l'autre espèce de servitude coutumière, la possession ou plutôt l'occupation mainmortable est une sorte de « bail perpétuel sous la condition de ne pouvoir ni hypothéquer ni aliéner, et à charge de retour au seigneur en cas de mort ou du passage du possesseur à la liberté. »

De plus, la terre mainmortable a la faculté « fatale d'engloutir la liberté de celui qui vient l'habiter ; au bout d'un an, l'homme libre meurt esclave ; et c'est ainsi que ce piège, toujours tendu, renouvelle l'esclavage et le perpétue. »

Ce « Code d'Attila », un jurisconsulte moderne (Dunod de Charnage, né à Saint-Claude, en 1679, mort à Besançon en 1725), dans son *Traité de la mainmorte et des retraits* l'a étudié « avec froideur et indifférence ». Il le rattache à celui des Romains et constate que la maladie servile est « inhérente aux os », soit par naissance, soit par passage d'un an sur terre de mainmorte. Il établit doctement qu'on peut, par convention, accepter cette servitude de son plein gré. Vingt textes latins lui servent à en établir les conséquences légitimes et inhumaines.

La femme franche d'un mainmortable est serve comme son mari, à moins qu'elle ne se hâte d'enterrer celui-ci et de fuir en lieu franc. Un prêtre venant occuper un bénéfice à résidence, une fille obligée de suivre son époux, même le père et le fils, obligés de se séparer, ou qui, demeurant dans la même maison, *font pot à part*, ont, s'ils meurent, le seigneur pour héritier. Qu'un enfant sorte du lieu de mainmorte, le seigneur héritera de son père; si un garçon, en se mariant, va s'établir chez son beau-père, la succession de son père propre est perdue pour lui et pour ses enfants.

Quant à la terre elle-même, elle ne saurait être vendue ni échangée. On ne l'hypothèque qu'en payant le tiers de ce qu'elle vaut. Qu'un mainmortable, ou par naissance ou par habitation d'un an meure riche, son bien appartient au seigneur, qui ne soldera pas ses dettes, ne remboursera pas la dot de sa femme.

Le Mémoire, réfutant Dunod et son « indécente » prescription de quarante ans en faveur du seigneur, rappelle les affranchissements édictés, au seizième siècle, par les archiducs Albert et Isabelle, ceux prononcés à l'invitation des souverains d'alors par des seigneurs illustres, tandis que les moines de Saint-Claude s'obstinaient dans leurs prétendus droits, antichrétiens, poursuivaient jusqu'à Metz, jusqu'à Paris, un secrétaire du roi, réputé serf, et refusaient à leurs vassaux la liberté réclamée moyennant finance !

« Que si, ajoutent Voltaire et Christin, tant de Francs-Comtois sont demeurés en servitude, c'est que les juges du pays ont fait cause commune avec les seigneurs, et que l'ignorance des serfs a elle-même fourni des armes à leurs maîtres...

« La coutume est inique : que ne la réforme-t-on, comme l'autorité royale en a corrigé tant d'autres ! »

L'esclavage, conclut avec éclat l'esprit voltairien, « est bon aux animaux que l'on engraisse ; mais on sait que ce ne sont pas leurs sujets que les seigneurs moines engraissent... Au surplus, les lois et la jurisprudence sur la mainmorte, nées en même temps que les lois sur la magie, les sortilèges, les possessions du diable et le cuissage, doivent finir comme elles... L'état des personnes est une matière de droit public français. La France ne connaît point d'esclaves, elle est l'asile et le sanctuaire de la liberté ; c'est là qu'elle est indestructible et que toute liberté perdue retrouve la vie. La France ouvre son sein, quiconque y est reçu est libre... Le seul fait de la conquête de la Franche-Comté a anéanti l'avilissante coutume qui tiendrait esclaves ceux que Louis XIV a faits Français... Puissent les jurisconsultes français, armés contre l'hydre de l'esclavage dans une province de France, la frapper avec vigueur, et leurs coups retentir jusqu'au trône, où notre père et monarque achèvera leur ouvrage ! »

XI

Supplique des serfs.

Peu après ce *Mémoire*, qu'un ministre trop occupé pouvait n'avoir pas eu le loisir de lire, est rédigée pour M. le Chancelier cette *Supplique des serfs de Saint-Claude*, en vingt lignes :

« Monseigneur est conjuré encore une fois de daigner observer que le nœud principal de la question consiste à savoir si douze mille sujets du roi peuvent être serfs des bénédictins, chanoines de Saint-Claude, quand ils ont un titre authentique de liberté.

« Or, ce titre sacré ils le possédaient dès l'an 1396. S'ils n'ont retrouvé cette charte irréfragable qu'au mois de mars 1778, doivent-ils être esclaves en France, parce que les bénédictins avaient enlevé tous les papiers chez de malheureux cultivateurs qui ne savaient ni lire ni écrire? — Nos adversaires, étonnés qu'un coup de la Providence nous ait rendu notre titre, se retranchent à dire que ce titre ne regarde que le quart du territoire. Il ne reste donc plus qu'à le mesurer. C'est ce que nous demandons... Nous répétons que la fraude ne peut jamais acquérir des droits. Nous nous jetons aux pieds du roi, ennemi de la fraude et père de ses sujets. »

Sur le jour et l'heure les plus propices pour remettre la *supplique* au garde des sceaux, Hue de Miroménil, Voltaire hésite. Il consulte l'abbé économiste, Morellet (29 décembre 1775) : « Le commencement de l'année 1776 ne serait-il pas favorable pour demander l'abolition de la mainmorte, après avoir obtenu l'abolition du bureau des fermes? Car le goût de la liberté augmente à mesure qu'on en jouit... Quel insupportable opprobre que de voir, à deux pas de chez soi, trente à quarante mille hommes de six pieds de haut, esclaves de quelques moines, et beaucoup plus esclaves que s'ils étaient tombés entre les mains de messieurs de Maroc et d'Alger! Songe-t-on combien il est ridicule et horrible, préjudiciable à l'Etat et au roi, honteux pour la nature humaine, que des hommes très utiles et très nombreux soient esclaves d'un petit nombre de faquins inutiles? Cela peut-il se souffrir après tant de déclarations de nos rois qui ont voulu que la servitude fût détruite, et que leur royaume fût celui des Francs?

« Nous avons un projet d'édit sous Louis XIV, minuté par le bisaïeul de M. de Malesherbes, pour dé'ruire la mainmorte, en indemnisant les seigneurs féodaux. Qui pourra s'opposer à cette entreprise, si M. Turgot et M. de Malesherbes veulent la faire réussir? On propose, dit-on, beaucoup de nouveautés. Y en aura-t-il une aussi belle que de faire rentrer la nature humaine dans ses droits? »

XII

Les spectres de Chézery.

Probablement Morellet a conseillé d'attendre un peu, — la fin d'une affaire spéciale au pays de Gex où est situé Ferney. — Ni pour cette affaire, ni pour la grande, Voltaire ne ménage l'amour-propre de Turgot. Il le « supplie de croire que, s'il était encore dans sa jeunesse, si, par exemple, il n'avait que soixante-dix ans, il ne lui serait pas attaché avec plus d'admiration et de respect. »

Aussitôt qu'il a obtenu sa demande particulière, — l'affranchissement économique de sa contrée moyennant une indemnité ; — dès qu'il a, comme il dit, mis en fuite les gabelous, les « pandoures fouillant jusqu'à des religieuses » ; — sous prétexte de remercier Turgot, au nom « d'un petit peuple, devenu libre par ses bienfaits », le « vieux malade » se prononce ardemment contre « la cabale de fripons et de parasites, qui essaye d'ébranler le ministre le plus éclairé et le plus intègre que la France ait jamais eu ».

Il lui mande à lui-même : « Vous faites naître un beau siècle, dont je ne verrai que l'aurore. J'entrevois de grands changements, et la France en avait besoin de tout genre. J'apprends qu'en Toscane on vient d'essayer l'usage de vos principes, et qu'un plein succès en a justifié la bonté... Triomphez, monseigneur, des fripons et de la goutte ! »

Les « fripons » s'agitent de plus en plus. Mais, le ministère leur tient tête résolument, et le roi paraît l'appuyer, envers et contre tous, même contre ses frères et la reine, avec la conviction « qu'il n'y a que lui et M. Turgot qui aiment le peuple. »

Voltaire est dans l'enthousiasme ; il croit qu'il faut agir avec énergie et précipitation, non plus seulement pour faire casser les arrêts de Besançon, mais, d'un seul coup, obtenir l'abolition de toute servitude en France.

— Voici, écrit-il fiévreusement le 23 février 1776 à Dupont (de Nemours), « voici le tableau très fidèle d'une situation dont il faut absolument que j'entretienne M. Turgot. Tâchez de n'en pas frémir... Je sais bien que notre digne ministre a autre chose à faire qu'à répondre aux hurlements de quelques bipèdes ensevelis sous cinq cents pieds de neige et dépecés par des moines... Mais c'est le cas où M. Turgot dira : *Homo sum, humani nihil a me alienum puto!...* »

Et, non plus souriant mais irrité, il fait jaillir du fond de son grand cœur ce récit de la plus saisissante éloquence :

« Au milieu des rochers et des abîmes qui enclavent le pays de Gex, au revers du Mont-Jura, au bord d'un terrain nommé la Valzerine, est une habitation d'environ douze cents spectres, qui appartenaient à la Savoie et qui sont réputés Français depuis l'échange fait avec le roi de Sardaigne en 1760. Les bernardins sont seigneurs de ce terrain et voici les droits que s'arrogent ces seigneurs, par excès d'humilité et de désintéressement : Tous les habitants sont esclaves de l'abbaye, et esclaves de corps et de biens !

« Si j'achetais une toise de terrain dans la censive de Monseigneur l'abbé, je deviendrais serf de Monseigneur, et tout mon bien lui appartiendrait sans difficulté, fût-il situé à Pondichéry. Le couvent commence, à ma mort, par mettre le scellé sur tous mes effets, prend pour lui les meilleures vaches, et chasse mes parents de la maison.

« Les habitants de ce pays les plus favorisés sèment un peu d'orge et d'avoine dont ils se nourrissent ; ils paient la dîme, sur le pied de la 6ᵉ gerbe, à Monseigneur l'abbé ; et on a excommunié ceux qui ont eu l'insolence de prétendre qu'ils ne devaient que la 10ᵉ gerbe !

« En 1762, le 20 de janvier, le roi de Sardaigne abolit dans tous ses États cet esclavage chrétien. Il permit à tous ces malheureux d'acheter la liberté de leurs seigneurs, et prêta même de l'argent à tous les colons qui n'en avaient pas pour se rédimer. Ainsi, monsieur, il est arrivé que les cultivateurs dont je vous parle auraient été libres s'ils étaient restés Savoyards jusqu'en 1762, et qu'ils ne sont aujourd'hui esclaves de moines que parce qu'ils sont Français.

« Le petit pays dont je vous parle s'appelle Chézery. M. le contrôleur général peut s'attendre que, si Dieu me prête vie, je viendrai me jeter à ses pieds avec tous les habitants de Chézery et lui dire : *Domine, perimus, salve nos!* Mais ce qu'il y a de plus admirable et de plus chrétien, c'est que la France a le bonheur de posséder plus de cinquante mille hommes qui sont dans le cas de Chézery, et par conséquent immédiatement au-dessous des bœufs qui labourent les terres monacales.

« M. de Sully-Turgot verra combien l'hydre qu'il combat a de têtes; mais il verra aussi que tous les cœurs des vrais Français sont à lui ….

« *Le vieux malade.* »

XIII

Nouvelle requête au roi.

Afin de rendre ministériellement pratique l'effet moral qu'il sait produit par cette lettre à Dupont (de Nemours), Voltaire rédige avec Christin la REQUÊTE AU ROI, sur laquelle avait été consulté Morellet.

Elle est faite au nom des *serfs des deux Bourgognes*, « où des moines ont usurpé le droit de la Couronne par des crimes de faux dans les temps de barbarie. »

Louis-le-Gros, Louis VIII, la reine Blanche, Saint-Louis, Louis-le-Hutin, Philippe-le-Bel, Charles VII y sont cités comme ayant aboli la servitude en France.

On y signale que Philippe II, roi d'Espagne, avait, lui aussi, par édit de 1585, aboli cet esclavage, que les moines de Saint-Claude ont rétabli et conservent depuis que la Franche-Comté est devenue française.

On appuie sur l'énormité de Chézery, village affranchi s'il était demeuré savoyard, et qui est resté mainmortable parce qu'il est devenu français.

Les habitants du Mont-Jura, rapportent les requérants, ont plaidé en 1772 devant le Conseil du Roi. Ils ont démontré que les moines de Saint-Claude ont fabriqué des diplômes prétendus de Charlemagne, de l'empereur Lothaire, d'un Louis l'Aveugle, roi de Provence, qui n'a jamais existé, et de l'empereur Frédéric Barberousse.

En dépit des faux constatés, le Parlement de Besançon s'est prononcé en faveur des « faussaires imbéciles ».

On n'attaque pas l'arrêt, mais on implore « la magnanimité du cœur du Roi »; on supplie Sa Majesté « d'imiter son parent de Sardaigne, et de couronner l'ouvrage que Louis XIV voulut entreprendre en chargeant, en 1682, le célèbre Lamoignon (de Malesherbes) de dresser le projet d'un édit tel que la France le demande. »

XIV

Boncerf et les inconvénients des droits féodaux.

Le ministère de Turgot et de Malesherbes n'était pas seulement disposé à l'abolition de la mainmorte servile, mais encore il cherchait les moyens pratiques d'opérer la destruction entière du régime féodal, sans révolution, grâce au concours intelligent des seigneurs.

Sous les yeux mêmes de Turgot, avec la collaboration de Dupont (de Nemours) et de l'abbé Morellet, l'un des premiers commis aux finances, M. de Boncerf, écrivait, faisait imprimer et répandait à grand nombre une brochure (46 pages in-18) intitulée :

Les inconvénients des droits féodaux ou réponse d'un avocat au Parlement de Paris à plusieurs vassaux des seigneuries de...., de...., etc.

Le but de l'opuscule est ainsi déterminé dans l'avertissement : « Présenter un moyen de prospérité à la nation, d'augmentation de richesse aux seigneurs, de paix et de bonheur à tous leurs vassaux. » Une énumération rapide des droits féodaux « réels, » depuis la mainmorte jusqu'aux corvées, banalités et cens les plus communs, sert à prouver que chaque domaine n'a pas moins de huit maîtres différents, si le cultivateur n'est que fermier : au bas de l'échelle, « celui qui tire le moins à conséquence, » le laboureur, puis celui qui tient à ferme, ensuite le seigneur de la directe, le décimateur (l'abbé à bénéfice qui ne réside pas); le curé à portion plus ou moins congrue, avec ses sur-dîmes et son casuel; le seigneur du fief exerçant son droit de chasse; le suzerain et enfin les ayants droit de parcours, seigneurs ou collectivité d'habitants. Afin de dégager la propriété de ces copropriétaires forcés de posséder en communauté, le producteur agricole, indique Boncerf (p. 9), ne pourrait-il pas obliger tous ses seigneurs à recevoir le remboursement de leurs droits moyennant une somme qui en représenterait le capital en raison de denier 50 ou 60?

Mais si cela est raisonnable, cela n'est pas autorisé par la loi. La faculté de « faire cesser l'indivision », qu'a consacrée le droit romain, n'est pas d'usage en droit féodal; les tribunaux la repoussent. Cependant, dit notre auteur (p. 10), « un monarque bienfaisant pourrait établir la liberté *réelle*, comme les plus glorieux de ses prédécesseurs ont établi la liberté *personnelle*. »

Et la fameuse phrase du préambule de l'édit de Louis-le-Hutin, en 1315, que, « selon la nature, chacun doit être franc de naissance dans le royaume de France, » est rappelée comme base historique et juridique de l'acte général d'affranchissement réclamé de Louis XVI.

En attendant, poursuit Boncerf, les seigneurs sont libres d'aliéner leurs droits; la suzeraineté royale n'y mettrait aucun obstacle, et les propriétaires féodaux « tripleraient, quintupleraient leurs revenus sans rien perdre de leurs droits honorifiques. »

A l'appui de « la liberté foncière, depuis longtemps vœu des gens sensés », est donnée en bref l'histoire du régime féodal, « qui s'est développé dans l'anarchie, affermi par tyrannie et maintenu par usurpation sur l'autorité légitime. »

Les droits de servitude et de mainmorte, écrit Boncerf, se sont formés de plus d'une manière : « La violence des anciens seigneurs de fiefs, la misère des colons, l'ascendant des moines, la dévotion trop peu éclairée des fidèles, ont établi entre les sujets du royaume cette différence prodigieuse qui révolte l'humanité et que la saine politique réprouve. Ici, c'était un brigand couvert d'acier qui, après avoir dérobé une province, et traité du pardon de ses crimes avec le prince qu'il avait bravé, emmenait une multitude d'hommes et de femmes arrachés de leurs foyers et les forçait de cultiver les environs du château-fort dans lequel il allait recéler ses rapines. Là, c'était une bourgade, une ville, une contrée qu'un vainqueur furieux ravageait par le fer et les flammes, et dont les habitants ne rachetaient leur vie qu'en subissant l'ignominie de l'esclavage. Quelquefois (encore au xve siècle) des paysans faibles et menacés par un seigneur se déclaraient les mortaillables d'un autre seigneur, afin qu'il protégeât leurs vies et leurs possessions contre les persécutions qu'ils regardaient comme inévitables. D'autres enfin, dans le délire de la piété, allaient faire entre les mains des moines ou des ecclésiastiques l'abdication de leurs propriétés et de leurs droits civils ; ils suppliaient un saint dont ils briguaient l'appui de vouloir bien agréer, en échange de ses faveurs, le sacrifice de leur liberté. Les moines, qui exerçaient les droits du saint, recevaient l'offrande en cérémonie et ils en consignaient l'histoire dans un acte qui se conservait à jamais dans leurs archives. »

Glatigny (1) a raconté la cérémonie. Elle se passait dans l'église, sur le grand autel même. La tête cachée entre ses mains, — et parfois la tête supportant quelques pièces de monnaie pour bien marquer qu'il payait le libre abandon qu'il allait faire, — l'homme qui se vouait déclarait offrir à Dieu, à la Sainte Trinité, au saint patron, ses biens, sa personne, ses descendants. Souvent, pour figurer la pleine et entière servitude qu'il acceptait, il se mettait au cou

---

(1) *Dissertation sur la servitude et son abolition en France*, p. 851.

une corde, — la corde de la cloche qui appelait les fidèles au service divin (1) !

L'exposé historique achevé, l'auteur des *Inconvénients des droits féodaux* prouve que « la prospérité des nations est en raison de la liberté des personnes, des choses et des actions. » L'affranchissement des personnes « a créé les villes, les arts, les belles-lettres, les bonnes lois »; l'affranchissement des choses achèverait de « faire de *libre* et *Français* deux mots synonymes ». Abolir la féodalité sur le domaine du roi et autoriser les vassaux à se rédimer au denier 30 ou 40 serait un bon exemple et une opération avantageuse. De l'exemple royal profiteraient les seigneurs qui s'apercevraient enfin de quel médiocre rapport sont des droits qui, par leurs frais de perception et les procès qu'ils causent, finiraient par dévorer le maître, le laboureur et la terre (p. 17-18). Conseil donné aux vassaux de ne pas plaider contre leurs seigneurs, mais plutôt de se rapprocher d'eux et de leur démontrer les avantages que les maîtres trouveraient eux-mêmes en se prêtant au rachat. Les vassaux des domaines du roi en particulier sont excités à présenter au ministre « un mémoire motivé. » Car, ajoute le premier commis de Turgot, le domaine royal affranchi, l'affranchissement général suivra, « *le roi étant seigneur dominant de tous les fiefs du royaume.* »

---

(1) V. *Polyptique d'Irminon*, t. 1, préface de Guérard V.

Une assez longue citation des vœux des anciens États généraux, des ordonnances, des projets plus ou moins authentiques, d'ailleurs irréalisés, des prédécesseurs de Louis XVI, tend à établir que « si la confusion de tant de droits et de propriétés sur un seul fonds préjudicie à tous les copropriétaires et par conséquent à l'État, *l'État a le droit de régler la forme des propriétés.* »

Hormis ce dernier mot, — parfaitement conforme à la tradition d'omnipotence monarchique juridiquement acceptée depuis Louis XIV, « l'État c'est moi, » — la brochure de Boncerf était d'une modération exemplaire, et le rachat qu'elle proposait d'une pratique évidente.

L'Église et la noblesse s'en exaspérèrent d'autant plus, et toutes les intrigues furent mises en œuvre afin que la justice coupât court aux « débordements économiques. » L'avocat général Séguier, membre de l'Académie française, fit un réquisitoire contre cet auteur, « qui ameutait les paysans contre les seigneurs, les pauvres contre les riches, le peuple contre le souverain, et voulait plonger la France dans l'anarchie ! »

A la fin du mois de février 1776, le Parlement de Paris, en lutte avec Turgot, refusant d'enregistrer les premiers édits réformateurs signés par le roi, saisit les *Inconvénients des droits féodaux* et les fit solennellement brûler au pied du grand escalier du Palais.

XV

Colère voltairienne.

Le coup n'était pas inattendu à Ferney, d'où Voltaire écrivait, le 25 février, à Delisle de Sales :

« Étant entré dans ma quatre-vingt-troisième année, j'attends et j'appelle la mort pour n'être pas témoin du fanatisme qui va désoler ma patrie. Je vois qu'on a déchaîné les monstres qui étaient auparavant retenus par quelques honnêtes gens. Je ne serais pas étonné que ces fanatiques fissent une Saint-Barthélemy de philosophes :

> Heu ! fuge crudeles terras, fuge littus *iniquum* ! (1)
> (*Virg. Æn.*, II.)

« Le sang de La Barre fume encore. Notre divine religion n'est et ne sera soutenue que par des bénéfices

---

(1) Virgile a mis *avarum* ; la citation s'applique mieux avec le mot changé par Voltaire.

de cent mille écus de rente et par des bourreaux; ce sont les marques distinctives de la vérité ! »

Un avocat de Normandie, Desessarts, venait d'adresser au grand émancipateur un plaidoyer en faveur de deux nègres, dont il gagnait la cause contre un juif, qui prétendait les garder comme esclaves en terre de France. Accusant réception de l'envoi (26 février), Voltaire félicitait son correspondant de sa lutte contre le *code noir*, mais il lui reprochait de « faire trop d'honneur à la France en la taxant de ne point admettre d'esclaves chez elle ».

Il recommençait, — pour gagner un auxiliaire de plus, — à raconter l'histoire de ses esclaves à lui, « beaucoup plus malheureux que les nègres; car si vos esclaves appartiennent à un juif, ceux dont je parle appartiennent à des moines ! » Espérons, s'écriait-il, « qu'on détruira un jour cet opprobre infâme.... Il se peut qu'il y ait encore quelque vertu sociale et quelque humanité dans la nation qui s'est rendue coupable de la Saint-Barthélemy, etc. Vos principes serviront peut-être à corriger un peuple, dont une moitié a été si souvent frivole et l'autre barbare. »

Le 5 mars, déjà informé du « brûlement » parisien, il l'annonçait en ces termes à Christin :

« Voici bien d'autres nouvelles ! Vous connaissez ce petit livre qui en vaut bien un plus gros, intitulé : les *Inconvénients des droits féodaux*. Nous le regardions vous et moi comme un préliminaire de la justice que le roi pouvait rendre à ses sujets les plus utiles. Nous attendions en conséquence le moment de présenter un mémoire à M. Turgot et à M. de Malesherbes. Je vous attendais à Pâques pour y travailler avec vous. La Cour du Parlement, garnie de pairs, vient de faire brûler cet excellent ouvrage !.... Les princes du sang ont donné leurs voix pour le proscrire. Je suis pétrifié d'étonnement et de douleur.... Il faut absolument que nous mangions l'agneau pascal ensemble. Il faut que vous veniez le plus tôt possible et que la dernière action de ma vie soit de m'unir à vous pour secourir les opprimés. »

Trois jours après, Voltaire écrivait à M. de Boncerf, à l'auteur « brûlé », dont jusqu'alors il avait ignoré le nom :

L'excellent ouvrage d'un estimable patriote « me paraissait ne pouvoir que contribuer au bonheur du peuple et à la gloire du roi.... J'espérais mourir, à mon âge de près de quatre-vingt-trois ans, en bénissant le roi et M. Turgot. Vous m'apprenez, monsieur, que je me suis trompé; que l'idée de faire du bien aux hommes est absurde et criminelle, et que vous avez été justement puni de penser comme le roi !.... J'ai bien peur de mourir dans l'impénitence finale, c'est-à-dire plein d'estime et de reconnaissance pour vous ; je pourrais même mourir martyr de votre hérésie. En ce cas, je me recommande à vos prières et je vous supplie de me regarder comme un de vos fidèles. »

XVI

Mémoire pour l'entière abolition de la servitude en France.

Cependant contre le Parlement, contre la Cour et contre l'Église, Louis XVI paraît tenir bon. Les édits de Turgot, entre autres ceux qui abolissent les corvées, les jurandes et maîtrises et proclament la liberté du travail, sont enregistrés de force dans le « lit de justice » tenu à Versailles le 12 mars.

Le moribond de Ferney renaît de joie. Il est fier de son élève Turgot « qui a tout l'air d'un ancien Romain ». Il est fier aussi de « son roi, qui aime le peuple ».

A M. Devaisne, un des employés supérieurs du ministère, il écrit : « Je ressemble au roi comme deux gouttes d'eau ; je m'affermis dans mon goût pour les édits par les objections mêmes.... Quelle belle chose que ce *lit qu'on nomme de justice et de bienfaisance*, le premier lit dans lequel on ait fait coucher le peuple depuis le commencement de la monarchie ! »

Il écrit encore à « son cher ange », le comte d'Argental : « Dieu bénisse le gouvernement ! Dieu bénisse le contrôleur général des finances qui, le premier depuis la fondation de la monarchie, a eu pour passion dominante l'amour du bien public ! »

Et, sans perdre de temps, — car il sait l'occasion fugitive, — coup sur coup, il adresse deux billets pressants à Dupont (de Nemours).

23 *mars* : « Oui, monsieur, ce qu'on a jamais écrit de mieux sur les corvées, c'est l'édit des corvées... Béni soit l'article 14 qui abolit les confréries! Si l'on avait aboli en Languedoc les confréries de pénitents bleus, blancs et gris, le bonhomme Calas n'aurait pas été roué et jeté dans les flammes ! Voici l'âge d'or qui succède à l'âge de fer; cela donne envie de vivre, et cette envie ne me sied point.... Ou je me trompe fort, ou le père de la nation ne souffrira pas longtemps que *des moines aient des sujets du roi pour esclaves...* »

3 *avril* : « Je crois bien que le fruit de l'arbre de la liberté n'est pas assez mûr pour être mangé par les habitants de Chézery, et qu'ils auront la consolation d'aller au ciel en mourant de faim dans l'esclavage des moines bernardins. Vous savez qu'ils ne sont pas les seuls, et que nous avons en France *plus de quatre-vingt mille esclaves de moines....* Mais il existe un homme amoureux de la justice qui sera assez mauvais chrétien pour

briser ces fers si pesants et si infâmes, *quand il en sera temps.* »

Afin de hâter l'heure ministérielle, le vieux Voltaire et le jeune Christin achèvent leur dernier *Mémoire pour l'entière abolition de la servitude en France*, suivi d'un « projet d'affranchissement » en six articles, imité de celui que Lamoignon, l'aïeul du Malesherbes alors ministre, présenta en 1662 à Louis XIV ; accompagné aussi de l'édit d'abolition avec indemnité, rendu en 1762 par le roi de Sardaigne.

C'est l'acte libérateur presque prêt à être revêtu de la signature de Louis XVI. Les quelques pages qui le précèdent n'ont pour but que de lui assurer d'avance l'opinion publique.

Nos auteurs reprochent vivement aux Parisiens d'oublier « au sein de la liberté et des plaisirs de la capitale... qu'il existe encore des Français qui sont de la même condition que le bétail de la terre ». Ils citent comme provinces où subsiste la mainmorte : les deux Bourgognes, la Champagne, l'Auvergne, la Marche, et leur énumération, comme on le verra dans la suite de cette étude, est très loin d'être complète.

Ils font ressortir avec quel respect de la propriété ils procèdent, offrant des dédommagements aux seigneurs, soit en autres droits non serviles, soit en argent, avec permission aux communautés rurales d'emprunter ou de vendre les biens communaux inutiles.

Ils rattachent l'affaire de la mainmorte à la grande

lutte contre « l'Infâme », mettant ce fait en pleine lumière : « Les corps ecclésiastiques se sont toujours montrés les plus empressés à s'arroger ce droit odieux de servitude, à l'étendre au delà de ses bornes et à l'exercer avec le plus de dureté... Ici ce sont des moines qui ont fabriqué de faux diplômes pour se rendre maîtres de toute une contrée et en asservir les habitants. Là, d'autres moines n'ont établi l'esclavage qu'en trompant les pauvres cultivateurs par de fausses copies de titres anciens, qu'en faisant croire à des peuples ignorants que des titres de franchise étaient des titres de servitude. Cette fraude est devenue sacrée au bout d'un certain temps. Les moines ont prétendu qu'une ancienne injustice ne pouvait pas être réformée, et cette prétention a été quelquefois accueillie dans les tribunaux, dont les membres n'oubliaient pas qu'ils avaient eux-mêmes des serfs sur leurs terres, sans avoir de meilleurs titres. »

XVII

Chute de Turgot.

Le *Mémoire* est parti.

Voltaire est inquiet, impatient, comme il ne l'a jamais été. De ce que « tout Paris » ne joint pas sa voix à la sienne pour réclamer la suppression de la mainmorte et acclamer Turgot, Paris, son cher Paris, ne lui semble plus « qu'une grande basse-cour composée de coqs d'Inde, qui font la roue, et de perroquets qui répètent des paroles sans les entendre. » (A M. de Chabanon, 12 avril.)

Le 13, il adjure M. Devaines de lui faire savoir, par les voies les plus rapides, « s'il y a quelque nouvel édit en faveur de la nation, quelques remontrances des soi-disant pères de la nation, quelque folie nouvelle de particuliers qui parlent au nom de la nation. » Il n'a plus « de consolation que celle de lire, et il ignore tout ce qui se passe ! »

Le 17, apprenant que sa lettre à Boncerf court dans les salons et que de grands seigneurs s'en irritent, il écrit à Mme de Saint-Julien : « Après tout, que peut-on y voir de si dangereux ! J'ai pensé précisément comme le roi ; il n'y a pas là de quoi se désespérer. Je me flatte même que j'ai pensé comme vous, madame ; car quoique vous soyez née de l'ancienne chevalerie, vous ne voulez pas que le reste du monde soit esclave; on ne doit l'être que de vos charmes et de la supériorité de votre esprit. Ce sont là mes chaînes, je les porterai avec joie tout le reste de ma vie, malgré les maux que la nature s'obstine à me faire. »

Au comte d'Argental, qui lui a joyeusement donné des renseignements sur l'opposition réputée impuissante des parlementaires, « pères de la patrie », il répond le 19 :

« Vous avez bien raison d'être de l'avis du Pont-Neuf qui dit dans la chanson :

O, les fichus pères, ô gué !
O, les fichus pères !

« Mais, tout fichus pères qu'ils sont, en ont-ils moins répandu le sang du chevalier de La Barre et du comte de Lally? en ont-ils moins persécuté les gens de lettres qui avaient eu la bêtise de prendre leur parti ? Se sont-ils moins déclarés contre le bien que fait le roi?... Cabalent-ils moins avec ce même clergé qu'ils avaient poursuivi avec tant d'acharnement?... Font-ils moins semblant d'avoir de la religion?... Et ont-ils moins poursuivi M. de Boncerf?... S'ils sont rois de France, il faut quitter la France et se préparer ailleurs un asile. Personne n'est sûr de sa vie... Je vous avoue, mon cher ange, que tout cela empoisonne les derniers jours de ma vie ! »

Enfin, le 17 mai, est jeté, comme un cri, au premier commis Devaisne, ce mot :

« Ah ! mon Dieu, monsieur, quelle funeste nouvelle j'apprends ! La France aurait été trop heureuse ! Que deviendrons-nous?... Je suis atterré et désespéré. »

Le 12 mai 1776, la coalition des parlementaires avec les privilégiés, de l'Église avec la reine Marie-Antoinette, avait abusé de la faiblesse de Louis XVI, fait chasser Turgot du ministère et nommer contrôleur général Clugny de Nuis, un sot bon à toutes les complaisances, à la place d'un grand homme, qui eût transformé l'ancien régime sans révolution, épargné au roi et à la reine l'échafaud !

« Condorcet, d'Alembert et moi, — écrivait Voltaire à La Harpe, — nous ne nous consolerons jamais d'avoir vu naître et périr l'âge d'or que M. Turgot nous préparait... Je ne conçois pas comment on a pu le renvoyer. Ce coup de foudre m'est tombé sur la cervelle et sur le cœur. » A d'Argental il dit : « Vous vous imaginez peut-être que je ne suis pas mort, parce que je vous écris de ma faible main ; mais je suis réellement mort depuis qu'on m'a enlevé M. Turgot ! »

L'événement a d'autant plus consterné « le vieux malade », qu'au moment même, il libellait, de concert avec l'intendant des finances, Trudaine de Montigny, envoyé tout exprès à Ferney par Turgot, les termes de l'édit d'affranchissement des derniers serfs de France !

Ce que Voltaire raconte ainsi à son collaborateur Christin, le 10 mai : « Vous êtes dans un faubourg de l'enfer, et moi dans l'autre... M. Trudaine pensait absolument comme nous de cette mainmorte gothe, visigothe et vandale, et il répondait de deux ministres aussi philosophes que lui et amoureux du bien public. Il avait fait un petit voyage à Lyon pour y raisonner de l'affaire des jurandes et des corvées et pour établir la liberté dans les provinces voisines, lorsque tout à coup un courrier extraordinaire lui apporta la fatale nouvelle. Il revint sur-le-champ à la petite maison où il avait laissé madame sa femme, entre Genève et Ferney. Il repartit au bout de deux jours pour Paris et nous laissa dans le désespoir. Le reste de ma vie, mon cher ami, ne sera plus que de l'amertume, et s'il est pour moi quelque consolation, elle ne peut être que dans votre amitié ».

XVIII

Mort de Voltaire.

Cependant, la mort a, dès le 22 octobre, débarrassé le ministère de Clugny et fait arriver au contrôle général Taboureau de Réaux, — un pseudonyme à qui l'adjoint qu'il prend comme conseiller des finances et directeur du Trésor royal, le banquier Necker, donne un nom. L'avocat Christin, loin de rester dans une immobilité désespérée, reprend par toutes les voies le généreux procès qu'il a entamé.

On a beau considérer à Ferney l'élévation du genevois Necker comme « un nouveau danger », c'est Turgot même qu'il emploie pour relever et faire agir Voltaire. Il le harcèle en lui répétant ce que Turgot dit du fond de sa retraite : « Voltaire ne connaît pas ses forces ! »

Mais « le vieil ami » doute du mot, « parce que cet

homme sage sait trop bien quelle est sa faiblesse. »
Le prince de Montbarrey, conseiller d'État adjoint,
étant chargé du rapport sur le procès des mainmortables, il le prévoit défavorable.

Vous savez comme le rapporteur pense, écrit-il le
10 février 1777 à Christin. « Vous n'ignorez pas que le
Conseil a proscrit toutes les pièces extrajudiciaires dont
le public était inondé. J'ai été cruellement désigné dans
le factum de notre adverse partie, et je sais qu'on a
proposé de décréter l'auteur du *Curé*. M. de Montbarrey
ne pardonnera pas à un homme qui, sans être autorisé, se déclarera imprudemment contre lui Je crois
qu'il ne faut pas sortir du port par un temps d'orage. »

Christin ne démarrait pas.

Necker devenant, le 29 juin, directeur général des
finances, son influence empêchait Montbarrey de conclure. Le « vieux malade » se reprenait à espérer lui-
même que le nouveau ministère se « signalerait par
l'abolition de la servitude. » Il félicitait son digne collaborateur de s'être fait agréer « maire de Saint-
Claude, lui qui mériterait d'être le maire de Londres ».
Mais encore il avait peur, — dans la dernière lettre de
la *Correspondance générale* adressée à Christin, 23 décembre, — « de ces quatre-vingts personnes qui avaient
déclaré leur communauté esclave par devant notaire. »

En effet, cet aveu arraché par la menace à de malheureux ignorants était devenu un argument capital entre les mains des défenseurs de la mainmorte. Trois jours avant la lettre de Ferney, le procès des serfs était perdu en cassation. Il avait été évoqué au bureau des affaires ecclésiastiques par un oncle d'un des chanoines de Saint-Claude, et, naturellement, l'arrêt du Parlement de Besançon avait été confirmé le 20 décembre 1777.

Le 5 février 1778 Voltaire quitta Ferney. Il vint à Paris recevoir la récompense triomphale due, plus encore qu'à son génie, à son amour de l'humanité. Le 30 mai, il mourut sans avoir obtenu « l'affranchissement de ses chers esclaves », mais convaincu qu'ils l'attendraient désormais peu de temps, car il sentait « arriver immanquablement » la Révolution et enviait les jeunes gens qui, après lui, allaient « voir de belles choses ! » (1).

(1) Pour raconter ce qui précède nous avons suivi jour par jour la *Correspondance* de Voltaire. Les écrits relatifs au Mont-Jura et à la mainmorte sont réunis dans la section politique et législative des *Œuvres complètes*.

XIX

L'Édit du 10 Août 1779.

Turgot, dit A. de Staël-Holstein (1), « attendait le jour de l'indignation publique pour abolir toutes les traces de la féodalité ; Necker agit avec plus de prudence. » La guerre d'Amérique ne lui laissait pas de fonds suffisants pour racheter le droit de mainmorte, il commença par le supprimer dans le domaine du roi et les domaines engagés, se fiant à l'exemple descendu du trône pour faire opérer le rachat dans les moindres seigneuries.

D'ailleurs, depuis qu'il était au pouvoir, l'affaire des

---

(1) Dans la notice qui précède les Œuvres complètes de Necker, son grand-père (p. cxi-cxii).

serfs n'avait pas cessé d'être maintenue à l'ordre du jour. Le procès Christin-Voltaire perdu, les physiocrates avaient repris la question de l'abolition générale de la féodalité juste au point où l'avaient conduite les *Inconvénients des droits féodaux*.

Un exposé complet des moyens proposés par l'Économie politique pour régénérer méthodiquement la vieille monarchie française s'imprimait à Bâle, en 1779, sous la direction de Le Trosne. Ce très important ouvrage (1) contenait une *Dissertation sur la féodalité*, réfutant les raisons de droit opposées à sa suppression, exposant les difficultés de l'opération, démontrant qu'en raison de la réciprocité des devoirs (non remplis) avec les droits (mal perçus) on ne risquerait rien à supprimer les uns et les autres d'un seul coup, avec indemnité aux seigneurs ; prouvant enfin que les seigneurs, hormis le roi en ses domaines, ne sauraient que gagner à la perte d'une « propriété fictive » la consolidation productive d'une propriété réelle.

En s'engageant résolument dans la voie indiquée par Le Trosne, en réalisant le plan de Turgot, Necker eût écarté l'une des causes qui firent éclater la Révolution française et la rendirent violemment sociale. Son commencement de réforme sur la mainmorte du domaine royal, très réduite depuis longtemps, ne pouvait être qu'une occasion fugitive de gagner un instant de

(1) *De l'Administration provinciale et de la réforme de l'impôt* (in-4° de 551 pages, plus un supplément de 24 pages).

popularité et une satisfaction sans conséquence à l'opinion publique surexcitée.

L'*Édit du roi*, enregistré au Parlement le 10 août 1779, est visiblement inspiré par le dernier *Mémoire* de Voltaire, que l'avocat Christin a déposé au Conseil.

Mettant, dit Louis XVI dans le préambule de l'Édit,
» mettant notre principale gloire à commander une na-
» tion libre et généreuse, nous n'avons pu voir sans
» peine les restes de servitude qui subsistent dans plu-
» sieurs de nos provinces ; nous avons été affecté, en
» considérant qu'un grand nombre de nos sujets, ser-
» vilement encore attachés à la glèbe, sont regardés
» comme en faisant partie et confondus pour ainsi dire
» avec elle ; que, privés de la liberté de leur personne
» et des prérogatives de la propriété, ils sont mis eux-
» mêmes au nombre des propriétés féodales ;... que
» des dispositions pareilles ne sont propres qu'à rendre
» l'industrie languissante et à priver la société de cette
» énergie dans le travail que la propriété la plus libre
» est seule capable d'inspirer. Justement touché de ces
» considérations, nous eussions voulu abolir sans dis-
» tinction ces vestiges d'une féodalité rigoureuse ; mais
» nos finances ne nous permettent pas de racheter ce
» droit des mains des seigneurs, et, retenu par les
» égards que nous aurons dans tous les temps pour les
» lois de la propriété que nous considérons comme le
» plus sûr fondement de l'ordre et de la justice, nous
» avons vu avec satisfaction qu'en respectant ces prin-

» cipes, nous pourrions cependant effectuer une partie
» du bien que nous avions en vue, en abolissant le droit
» de servitude, non seulement dans tous les domaines
» en nos mains, mais encore dans tous ceux engagés
» par Nous et les rois nos prédécesseurs...

» Si les principes que nous avons développés nous
» empêchent d'abolir sans distinction le droit de ser-
» vitude, nous avons vu qu'il était un excès dans l'exer-
» cice de ce droit, que nous ne pouvions différer d'ar-
» rêter et de prévenir ; Nous voulons parler du *Droit de*
» *suite* sur les serfs et mainmortables, droit en vertu
» duquel les seigneurs des fiefs ont quelquefois pour-
» suivi, dans les terres franches de notre royaume, et
» jusque dans notre capitale, les biens et les acquêts
» de citoyens éloignés, depuis un grand nombre d'an-
» nées, du lieu de leur glèbe et de leur servitude ; droit
» excessif que les tribunaux ont hésité d'accueillir et
» que *les principes de la justice sociale* ne nous permet-
» tent plus de laisser subsister...

» Nous verrons avec satisfaction que Notre exemple
» et cet *amour de l'humanité si particulier à la nation*
» *française* amènent, sous notre règne, l'abolition gé-
» nérale de ces droits de mainmorte et de servitude, et
» que nous serons ainsi témoin de l'entier affranchis-
» sement de nos sujets qui, dans quelque état que la
» Providence les ait fait naître, occupent notre solléci-
» tude et ont des *droits égaux* à notre protection et à
» notre bienfaisance. »

L'article dernier de l'Édit confine la servitude seigneuriale dans les terres mêmes qui en resteront infectées et il soustrait aux conséquences de la mainmorte, n'importe comment contractée, tout individu établi dans le reste de la France. En voici les termes :

« Nous ordonnons que le droit de suite sur les main-
» mortables demeure éteint et supprimé dans tout
» notre Royaume, dès que le serf mainmortable aura
» acquis *un véritable domicile* dans un lieu franc ; vou-
» lons qu'alors il devienne franc au regard de sa per-
» sonne, de ses meubles et même de ses immeubles qui
» ne seraient pas mainmortables par leur situation et
» par titres particuliers. »

Un autre article, le sixième, facilite les affranchissements volontaires en supprimant les formalités féodales et les droits fiscaux qui jusqu'alors les entravaient :

« Les seigneurs, *même les ecclésiastiques* et les corps
» et communautés qui, à notre exemple, se porteraient
» à affranchir de ladite condition servile et mainmor-
» table telles personnes et tels biens de leurs terres et
» seigneuries qu'ils jugeront à propos, seront dispen-
» sés d'obtenir de nous aucune autorisation particu-
» lière, et de faire homologuer les actes d'affranchisse-
» ment en nos Cours des comptes ou ailleurs, ou de
» nous payer aucune taxe ni indemnité à cause de
» l'abrégement ou diminution que lesdits affranchisse-
» ments paraîtront opérer dans les fiefs tenus de Nous ;

» desquelles taxe et indemnité Nous faisons pleine et
» entière remise. »

La condition pécuniaire de l'affranchissement sur le domaine royal, car là même il n'est pas gratuit, est ainsi déterminée par l'article IV :

« Les héritages mainmortables situés dans nos terres
» et seigneuries, ou dans nos domaines engagés et pos-
» sédés par des personnes franches ou mainmortables,
» lesquels héritages deviendront libres en vertu des ar-
» ticles précédents seront, à compter de la même épo-
» que, chargés envers nous et notre domaine, *d'un sol*
» *de cens par arpent* seulement ; ledit cens emportant
» les revenus, conformément à la coutume de leur situa-
» tion. »

Cet Édit d'août 1779 obtint, comme on dirait aujourd'hui, un très beau succès de presse. Tous les publicistes de Paris chantèrent les louanges du ministre et du roi libérateurs. Seulement les seigneurs ne s'empressèrent pas de répondre à l'invitation royale.

Pas plus que Tocqueville et M. Taine nous n'avons trouvé de documents permettant d'apprécier combien de mainmortables profitèrent de l'Édit. A peine découvrons-nous (1) les noms de quatre seigneurs laïques de Franche-Comté, possédant des serfs hors de la montagne, le prince de Beaufremont, les présidents de Vezet,

---

(1) P. 259 du *Cri de la raison* de l'abbé Clerget, que nous analysons dans la seconde partie de cette étude.

de Chamolles, de Chaillot, et l'unique exemple clérical d'un affranchissement par une petite communauté de missionnaires dépendante de l'abbaye des bernardins réformés de Notre-Dame de Beaupré-sur-Meurthe, dans le diocèse de Toul. Le Parlement de Besançon délibéra des remontrances contre l'Édit et, durant dix ans, persista à ne pas l'enregistrer. S'il y eut, en dehors du domaine royal, quelques affranchissements par rachat, pour sûr, il ne s'en produisit aucun au Mont-Jura. Le seigneur-évêque de Saint-Claude, sollicité plusieurs fois par Necker, continua à se retrancher derrière l'opposition de son noble Chapitre.

Sauf la très minime exception de Beaupré, l'Église tint obstinément à garder des serfs jusqu'en 1789; pour les lui arracher il fallut la Révolution française.

DEUXIÈME PARTIE

LES SERFS ÉLECTEURS (1779-1789)

I

Le dernier feudiste.

Les États généraux étaient convoqués lorsque parut, portant à son titre la date même de 1789, le dernier commentaire des Coutumes qui régissaient les rapports des seigneurs et des vassaux : *Dissertations féodales* (deux volumes in-8°). L'auteur, Henrion de Pansey, était un avocat au parlement de Paris, très estimé comme consultant; il avait déjà publié, en 1773, une nouvelle édition du *Traité des fiefs* de Dumoulin, avec les notes les plus savantes. Il devait devenir membre de la Cour de cassation en 1800, président sous l'Empire, et en 1829, sous la Restauration, mourir premier président de la Cour suprême.

Sa *Dissertation sur les hommes serfs et mainmortables* commence d'un ton tout à fait philosophique et physiocratique, presque révolutionnaire :

« Il n'y a point de crime dont l'homme n'ait à rougir ; il n'y a point d'outrage qu'il n'ait fait à la nature ; il n'y a point de maux qu'il n'ait faits à ses semblables : le plus grand, sans doute, est d'avoir attenté à leur liberté.. Braves, généreux et libres, les Francs n'eurent jamais d'esclaves, mais ils dédaignaient les paisibles travaux de l'agriculture ; il leur fallait des cultivateurs, et ils eurent des serfs... Tel était le droit des gens des temps de la conquête : tous les prisonniers étaient autant d'esclaves... L'armée victorieuse enlevait au pays vaincu non seulement son or, ses maisons et ses troupeaux, mais les hommes, les femmes et les enfants... Le genre humain était depuis longtemps familiarisé avec ces horreurs, mais ce que l'on n'avait pas encore vu, c'est l'espèce de délire qui porta une multitude d'hommes libres à se rendre serfs des églises. On déposait au pied des autels l'offrande de sa liberté, les ministres de la religion la recevaient au nom du ciel, promettaient des prières et usaient sur ces malheureux de tous les droits qu'autorise la servitude... Encore, si l'on n'eût donné que sa personne, mais on sacrifiait toute sa postérité ; et l'Église doit à cet aveuglement une partie des mainmortables qui lui appartiennent encore aujourd'hui.

« Dans un gouvernement pareil au nôtre, où règnent avec l'humanité la justice et la paix, de quel poids peuvent être les maximes de ces hommes qui, pendant tant de siècles, ont tenu l'espèce humaine sous leurs pieds; qui, dans le délire de leur ambition, croyaient que toutes les nations étaient faites pour servir, Rome seule pour commander; qui, par un assemblage monstrueux des plus grands crimes et des plus sublimes vertus, ont inondé la terre de sang, écrasé tous les peuples, avili tous les rois, et dont toutes les nations ont été tour à tour les ennemies, les alliées et toujours les dupes et les victimes? »

A ce mouvement d'éloquence succède une très froide consultation de praticien érudit.

On y voit que la servitude était anciennement l'état presque général des personnes et des choses dans les campagnes, et que l'esclavage pur s'abolit en la plupart des régions vers le XVIe siècle, « plutôt par les mœurs que par les lois. » A la dénomination de *serf* succéda celle de *mainmortable*, « beaucoup plus douce, et qui semble reculer jusqu'au décès de l'homme tous les effets de la servitude. » Celle-ci devint plus *réelle* que personnelle; on la considéra comme attachée à la terre davantage qu'à l'habitant, même là où elle resta mixte. Du reste, sur cinq cents Coutumes françaises, alors rédigées, il n'y en a qu'une dizaine, — celles de Bourgogne et de Franche-Comté, de Troyes et de Vitry, d'Auvergne, de La Marche, du Bourbonnais et du Nivernais (plus celles d'Alsace, de Flandre et de Blois, qui ne sont pas comptées), — où l'ancien servage ait été formellement reconnu et réglé.

Ces coutumes n'avaient pas cessé d'être en vigueur au commencement de l'année 1789. Notre éminent feudiste est donc obligé de décrire, d'après elles, comment se contracte la mainmorte, les titres nécessaires pour l'établir et les moyens de s'en libérer, s'il y en a.

Henrion de Pansey compte cinq manières de contracter la servitude :

1° *La naissance.* — En Bourbonnais et en Nivernais, l'état de l'enfant est subordonné à la condition du père et de la mère, quel qu'ait été le lieu de naissance. Ailleurs, semble-t-il, il faut que le père et la mère soient serfs et que l'enfant soit né en lieu de mainmorte pour être lui-même serf mainmortable.

2° *La convention.* — Dans la Marche, elle doit être accompagnée de la tradition d'un immeuble. En Bourgogne et Franche-Comté elle peut être tacite : « L'homme franc qui va demeurer en lieu de mainmorte devient serf s'il y tient feu et lieu un an et un jour continuellement. »

3° *La prise de meix,* c'est-à-dire d'une habitation fixe. — La résidence seule dans ce *meix* suffit, en Franche-

Comté, pour rendre mainmortable; en Bourgogne, il faut de plus convention.

4° *La prescription.* — Elle s'opère par trente ans, dans la Marche; sans date, dans le Nivernais et l'Auvergne.

5° *Le mariage.* — En Bourgogne, la femme franche qui se marie à un serf est réputée de la condition de son époux. En Franche-Comté, la femme d'un mainmortable peut, à la mort de son mari, redevenir libre si elle abandonne l'héritage; mais elle est réputée serve si elle demeure dans la maison conjugale un an et un jour après le décès. Il lui faut, pour s'affranchir, non seulement quitter la maison mais aussi y laisser les enfants, car « l'enfant ensuit la condition du père ».

Les charges de la mainmorte comprenaient, — répétons-le, en 1789, jusqu'au 4 août : — *l'obligation de la résidence*, dont la rigueur avait diminué depuis l'abolition du droit de poursuite en 1779; — la *taille à volonté* « de haut et de bas; » — le *formariage*, l'impossibilité, prescrite par quatre Coutumes, de se marier hors de la terre habitée ou de prendre femme d'autre condition sans l'autorisation du seigneur; — la *défense d'aliéner, d'hypothéquer*, sans congé seigneurial, l'immeuble dont on vit; — la *défense de tester*, sous peine de voir le seigneur user de son droit d'*échute*, se constituer héritier du mainmortable, dont les engagements, les dettes, ne le regardent pas.

5.

Pour s'affranchir de la mainmorte, il y a trois manières :

L'affranchissement volontaire de la part du *seigneur* ;

La prescription, mais une seule Coutume, celle de Vitry, l'admet « pour ceux qui sont libres depuis vingt ans et qui le prouvent » ; l'édit de 1779 a déclaré francs par tout le royaume « ceux qui ont acquis véritablement domicile en lieu de franchise ; »

Le désaveu, c'est-à-dire la notification judiciaire faite au seigneur qu'on sort de sa seigneurie les mains vides, lui abandonnant tout ce qu'on y possède. Encore trois seulement des neuf Coutumes parlent-elles du désaveu, et elles en compliquent les formalités au point de le rendre à peu près impraticable.

Henrion de Pansey constate que depuis la rédaction des Coutumes, aux XVe et XVIe siècles, le régime de la mainmorte n'a pas éprouvé le moindre changement. L'*Édit* seul, dû à « la bienfaisance du roi, éclairé par M. Necker, » a supprimé la mainmorte dans les seigneuries domaniales et l'a modifiée dans toutes. » Néanmoins, le dernier feudiste faisant paraître ses *Dissertations féodales* à l'instant où la justice démocratique prépare son entrée en scène, quelque libéral et inconsciemment révolutionnaire qu'il soit lui-même, en est réduit à souhaiter que l'exemple du roi « puisse être imité par tous les seigneurs », et la loi de Necker « devenir la loi de l'Europe entière » ! Il se croit encore obligé de dissimuler le fond de sa pensée derrière une citation de Montesquieu (1) : « Les princes de l'Europe font tant de conventions inutiles ; en feront-ils enfin en faveur de la miséricorde et de la pitié ? » Il tire un argument de ce que le moderne et implacable coutumiste franc-comtois Dunod (1679-1752) a lui-même, en son *Traité de la mainmorte*, reconnu « qu'elle est odieuse et qu'il faut la resserrer dans les bornes les plus étroites. » Il recommande, avec une gravité émue, aux tribunaux, aux parlements d'exiger dorénavant des seigneurs « les preuves les plus positives, les plus claires, les plus tranchantes », et même de cesser absolument d'admettre qu'un père puisse se faire serf, asservir et déshonorer sa race entière : car cela resta coutumièrement et judiciairement admissible jusqu'au 4 août 1789 !

Les ennemis de la liberté et de l'humanité ont souvent cherché à diminuer Voltaire en l'accusant d'ignorance, sinon de falsification historique, ou d'exagération de parti pris. Cette *Dissertation* du jurisconsulte Henrion de Pansey prouve combien, durant toute sa campagne contre la mainmorte, le grand collaborateur de l'avocat Christin était dans la vérité, est resté même au-dessous de la réalité horrible.

(1) *Esprit des lois*, l. XV, ch. 25.

II

L'abbé Clerget et le « Cri de la raison ».

La mainmorte avait été si peu réduite par l'Édit de 1779, — et si absolument maintenue en Franche-Comté où le Parlement n'enregistra pas l'Édit avant le 12 octobre 1788, — que ses généreux ennemis du Jura et d'ailleurs ne cessèrent pas de lancer des brochures pour en obtenir la suppression effective.

En 1785, sous la rubrique « Londres », paraît un *Coup d'œil philosophique sur la mainmorte*. Le chevalier de Langeac répand, en vers, un *Discours sur la servitude*. Dunod est à fond réfuté dans des *Lettres d'un magistrat de Franche-Comté à un seigneur de la province*. Florian gagne le prix de poésie à l'Académie française en faisant dialoguer *le serf du Mont-Jura* avec l'ombre de Voltaire, son grand-oncle.

Le 22 mars 1788 est expédié d'Ornans à Paris un manuscrit dédié aux futurs États généraux et portant ce titre flamboyant :

LE CRI DE LA RAISON ou *Examen approfondi des lois et des coutumes qui tiennent dans la servitude mainmortable quinze cent mille sujets du roi.*

Par ordre du garde des sceaux, le censeur Demeunier donne « l'approbation d'imprimer » motivée sur ce que, « depuis l'Édit de 1779, l'Administration doit désirer » une publication semblable. L'ouvrage (1) paraît à Besançon, chez l'imprimeur Simard, dans les derniers jours de 1788 ou les premiers de 1789, *avec permission du roi* : ce qui empêche l'intraitable parlement bisontin de le saisir.

Il contient une étude rigoureuse de la coutume de Franche-Comté, une défense très ardente des serfs et la flétrissure de leurs oppresseurs ecclésiastiques.

Et ce n'est pas, comme dans le conte voltairien, un *curé* fictif qui oppose l'Évangile aux pratiques séculaires du monachisme et du cléricalisme. C'est un très authentique curé d'Ornans, — qui sera bientôt député à l'Assemblée nationale, — c'est l'abbé Clerget, qui accuse et condamne l'Église en chrétien idéal, en homme juste. — « J'ai vu, s'écrie ce citoyen dès sa préface, j'ai vu mes compatriotes dans les fers ; j'ai entendu les discours de leurs oppresseurs ; j'ai frissonné

---

(1) 296 pages in-8°.

de leurs blasphèmes... Je ferai entendre ma faible voix; je plaiderai la cause de mes frères ; je dénoncerai au tribunal de l'équité et de la raison la coutume atroce qui les réduit en servitude. Si, en les visitant dans leur captivité, ma main ne peut briser leurs chaînes, du moins mon cœur compatissant en partagera le poids. »

De la mainmorte franc-comtoise, qui, à la fin du xviiie siècle n'était plus comparable qu'au servage polonais, Clerget donne cette définition parfaite : « C'est un droit qui rend l'homme tellement dépendant d'un autre qu'il ne saurait disposer de sa propriété sans l'agrément d'un maître... Sous la mainmorte réelle, l'homme est un usufruitier lié par l'impuissance d'aliéner le fonds... Dans la mainmorte personnelle, l'homme ressemble à l'esclave de l'ancienne Rome qui ne pouvait transporter qu'à son maître son chétif pécule. » — Ces deux servitudes, compliquées dans le Jura en mainmorte mixte, sont « ce qu'il y a au monde de plus cruel et de plus injuste. »

Notre curé nie comme « chimérique, absurde, impossible » l'hypothèse originelle d'une concession de terre gratuitement faite sous la condition d'un servage librement accepté. Il consacre un chapitre à démontrer que les barbares, en conquérant les Gaules, ne soumirent pas les vaincus à la mainmorte ; un autre chapitre à établir que la mainmorte ne dérive pas de l'esclavage antique et que, loin d'avoir été un adoucissement à la sujétion rurale du temps des Romains, elle fut

« une injustice de plus, née de l'abus de la force et des crimes de l'usurpation féodale. »

D'après l'érudit franc-comtois Perreciot (1), l'abbé Clerget prouve que la mainmorte a pour unique origine l'usurpation des seigneurs de fiefs, et que les moines l'ont élargie en abusant du fanatisme imbécile de populations misérables, qui se figuraient échapper à la féodalité en se donnant à Dieu. Il raconte que la Franche-Comté n'eut pas de coutume générale avant le XVᵉ siècle et que la Coutume de 1459, homologuée de Bruxelles par Philippe le Bon, fut bâclée par dix seigneurs, ne fut pas vérifiée au parlement, et rendit, en le généralisant, le servage plus dur qu'à l'époque antérieure.

Ce servage, expose-t-il avec texte et exemple à l'appui de chaque fait, « jouit, comme les choses sacrées, du privilège de l'imprescriptibilité. » Un père peut disposer à son gré de la liberté de ses enfants, faire toute sa postérité mainmortable. Il suffit que l'homme franc partage la hutte de son épouse serve pour devenir serf. Un fils qui, pour s'affranchir, abandonne au seigneur ses fonds et la majeure partie de ses meubles, n'affranchit point ceux de ses enfants que la misère a fait sortir de sa *communion*, de la vie en commun dans le *meix*. L'homme franc n'affranchit sa femme serve que

---

(1) *État civil des personnes et condition des terres dans les Gaules*, 2 volumes parus en 1784-1786 et réimprimés en 1845.

pour ses meubles et ses acquêts faits en lieu franc. La veuve d'un époux serf, si elle veut rester libre, doit abandonner sans pitié ses enfants. Si le serf s'absente de la hutte, le seigneur saisit le *meix*, en fait les fruits siens et, après dix ans, confisque tout sans retour. En souvenir de l'ancien et infâme « droit de prémices », que le seigneur avait sur sa vassale, la fille serve qui se marie est forcée de passer la première nuit de ses noces dans le *meix* paternel ; sans quoi, elle a perdu tout droit à l'héritage. Ni les dettes ni même les frais d'enterrement du serf ne sont payés par le seigneur héritant de lui. La *communion* seule, l'existence en commun, « outrage à la nature, source perpétuelle de crimes et de fléaux, » la promiscuité entre père et belles-filles, beaux-frères, neveux, cousines, arrière-cousins, met le mainmortable en possession, en hérédité complète, hors de l'atteinte des droits seigneuriaux de commise, d'échute, de reprêt, de suite et de poursuite.

Avant l'Édit de 1779, le droit de suite s'exerçait dans toute sa rigueur. L'article XII de la Coutume franc-comtoise, qui le consacre, abandonnait au seigneur, dit Clerget (1), la succession du né mainmortable, « lui livrait tous ses biens, de quelque nature qu'ils fussent et fussent-ils situés en lieu franc, à Paris ou aux Antilles, fussent-ils les meubles les plus rares, importés de l'Inde ou du Japon ; fussent-ils des écrits dignes de Montes-

---

(1) *Cri de la raison*, p. 125.

quieu ou les chefs-d'œuvre de Girardon; fussent-ils les fruits de l'industrie ou les fruits du génie ! »

A propos du *reprêt*, représentation du droit seigneurial d'avoir les prémices de la serve se mariant, — nous en reparlerons plus loin, — l'indignation du curé d'Ornans éclate, non en phrases, mais en faits effroyables contre le régime féodal tout entier. Il rappelle (1) qu'il fut un temps où les seigneurs d'Allemagne revendiquaient comme un de leurs privilèges le droit de « voler sur les grands chemins ». Il cite (2) un procès entre des vassaux et un comte français, à propos d'une redevance en blé, en avoine et corvée à bras, qui représentait le droit qu'avaient les ancêtres de ce seigneur « de faire l'hiver, au retour de la chasse, éventrer leurs serfs pour se réchauffer les pieds dans des entrailles palpitantes ! »

Décrivant le *meix des communiers*, où la mainmorte « empêche les hommes de naître, les tue quand ils sont nés (3) », l'abbé Clerget s'interrompt et s'adresse au plus grand criminaliste de son époque: « Digne et généreux Beccaria, quand ta profonde sagesse pesait dans la balance de l'équité les délits et les peines, eusses-tu pu apprendre sans frémir qu'au milieu d'un peuple civilisé, *avoir son pot et son pain à part*, perdre sa virginité dans

---

(1) P. 105.
(2) P. 106-107.
(3) P. 216.

le lit marital, sont des crimes qu'on punit par la peine d'une cruelle exhérédation ? »

En terminant, le curé pa'riote s'écrie que ce serait « injurier les États-Généraux que de croire qu'ils laisseraient subsister dans six provinces l'abus le plus désastreux qui ait infesté la France » (1). Il exprime (2) l'espérance « que l'administration française reléguera chez les brigands de l'Asie et de l'Afrique la coutume infernale de réduire ses frères en servitude. » Contre les iniquités, contre les monstruosités du régime féodal, en chrétien, en Français, il fait un suprême appel a « la Liberté, fille du ciel et de la raison. »

(1) P. 270.
(2) P. 291.

III

La protestation du marquis de Villette.

La question des derniers serfs de France semble disparaître dans l'agitation par brochures qui suit l'arrêt du Conseil des dépêches en date du 5 juillet 1788. Les publicistes, auxquels la liberté est momentanément octroyée, revendiquent en bloc les droits du Tiers. Ce n'est qu'à titre d'argument contre la noblesse et le clergé qu'ils rappellent la survivance scandaleuse de la servitude du moyen âge.

Par exemple, Servan, en son *Avis salutaire au tiers-état*, s'écrie : « Les bonnes fortunes du peuple sont rares et courtes, songez-y bien !... Il y a quatre ou cinq cents ans, vous étiez moins que les bœufs, les ânes. Les gens à rabat ou à épée disaient que vous n'étiez pas des hommes, et vous le croyiez... Depuis neuf cents ans, vos égaux devenus vos supérieurs, clergé, noblesse, gens de justice et d'injustice, vous tiennent le pistolet sur la gorge, vous demandent la bourse ou la vie, et souvent les deux à la fois. Or, qu'avez-vous fait ? Pendant cinq ou six cents ans, quand vous ne saviez ni lire ni écrire, vous ne saviez aussi que gémir, vous taire et vous soumettre, donner votre argent et quelquefois vos personnes, obéir, souffrir et périr. Ensuite, quand, devenus quelque peu clercs, vous avez commencé à lire dans les vieilles écritures, et surtout quand un ange du ciel vous eût apporté le bel art de l'imprimerie .., vous vous accoutumâtes à ranger en même temps des idées dans vos petits cerveaux, vous commençâtes à prêcher les voleurs à bréviaire, les voleurs à écritoire, les voleurs portant lance, casque et cuirasse. Mais qu'arriva-t-il ? Ni les uns ni les autres ne devinrent meilleurs; au contraire. Avant l'imprimerie et vos prédications, ils vous volaient en conséquence ; prenant vos biens, ils croyaient bonnement reprendre le leur ; mais quand vous les eûtes prêchés et qu'ils surent la vérité des choses, toute la différence fut qu'ils volèrent sans conséquence et même en se moquant de vous... Votre servitude millénaire, elle existe encore! Et l'on peut voir, dans quelques provinces, les derniers fragments de cette chaîne de fer et d'airain qui s'étendait sur tout le royaume et l'écrasait de son poids. »

L'insurrection si admirablement pacifique des trois

Ordres du Dauphiné donna, plus vite et bien mieux que les brochures, le modèle de l'Assemblée nationale à venir ; elle pratiqua, dans le vote en commun et par tête, le partage des députés entre le clergé et la noblesse, d'une part, et, d'autre part, le tiers état. Les indécisions n'étaient plus permises à la Cour, et enfin il fut décidé en conseil du roi, le 27 décembre 1788 :

« 1° Que les députés aux États-généraux seraient au moins au nombre de mille;

« 2° Que ce nombre serait formé, autant qu'il serait possible, en raison de la population et des contributions de chaque bailliage;

« 3° Que le nombre des députés du tiers état serait égal à celui des deux autres Ordres réunis. »

Mais rien n'était décidé quant à ce qui, autant que «le doublement du tiers,» passionnait l'opinion publique, « la délibération en commun et par tête. » En outre, l'article 2 du *Résultat du Conseil* était rédigé de façon à laisser craindre que dans les bailliages où subsistait la mainmorte, les serfs ne fussent pas considérés comme des contribuables directs et effectifs, et qu'ils restassent dépourvus de la faculté électorale faute d'avoir une existence civile quelconque.

C'est pourquoi le marquis de Villette, — celui dont, en ses dernières années, Voltaire avait fait le mariage à Ferney, avec mademoiselle de Varicourt « Belle — et — Bonne »; celui chez lequel le grand homme était mort et qui, comme son gendre ou fils adoptif, avait gardé son cœur, — le marquis de Villette se hâte de publier la *Protestation d'un serf du Mont-Jura au roi*.

« Les lettres de convocation vont partir, s'écrie-t-il ; les droits du tiers sont reconnus... Une seule question reste dans l'oubli : la servitude... On assemble la grande famille de l'État ; le serf du Mont-Jura fait-il partie du troisième Ordre? Sera-t-il admis dans cette Assemblée de la nation?... Il est vrai qu'avant d'en faire un citoyen, il faut en faire un homme libre. »

Pour prouver que le serf est incontestablement contribuable, Villette fait le compte des impositions royales qui, dans le Jura, « équivalent, année commune pour chaque particulier, au tiers du produit des terres.»

Qu'on y ajoute ce que perçoit le seigneur ecclésiastique : *la dîme* au onzième, perçue avant l'impôt, et *la moisson* attribuée au curé dans chaque paroisse, équivalant au cinquantième du produit. On trouve ainsi que le mainmortable rend *plus des deux tiers* des revenus de son *meix*. Après ce calcul, le publiciste décrit la misère de plus de vingt mille montagnards détenus en servitude, au sein d'une nature superbe, par un Chapitre noble, composé de « cadets de famille, savoyards, auvergnats et gascons », parmi lesquels, faute de suffisante naissance, « Bossuet n'eût pas été admis à siéger!»

Une des difficultés qu'a rencontrées depuis 1779 l'affranchissement du Mont-Jura, c'est, a-t-on prétendu, que la mainmorte s'étend à travers la Franche-Comté et la Bourgogne. Le marquis de Villette, en réfutant l'objection, fait remarquer que le traitement des serfs de la montagne est beaucoup plus détestable que celui des mainmortables de la plaine. — « Le noble séculier, dont la terre mainmortable est un patrimoine héréditaire, ménage ses vassaux, tenant à améliorer l'héritage de ses enfants... Le noble ecclésiastique, le *seigneur viager*, ne voit dans son bénéfice que le temporel et l'usufruit... Il abandonne ses ouailles à la voracité des procureurs fiscaux, à l'immoralité des gens de chicane, prie Dieu pour elles et ne les voit jamais. »

Si, conclut la *Protestation*, le roi accorde un représentant par vingt mille hommes, les mainmortables du Jura ont droit à un député, et il importe que ce député soit un serf. — « Si Louis XVI accueille avec bonté cette réclamation, il verra un montagnard éloquent, et mal accoutré, venir plaider lui-même la cause abandonnée de son pays dans l'Assemblée des États-généraux, comme au temps de Marc-Aurèle le paysan du Danube vint haranguer le sénat romain ! »

La protestation du serf du Mont-Jura, parue d'abord en 19 pages in-8, reparut en 40 pages, augmentée des édits, ordonnances, déclarations de 1711, 1713 et 1719, actes du duc de Lorraine proscrivant la mainmorte de son territoire. Elle se fit appuyer d'une « Suite, » publiée isolément par le généalogiste Maugard, sous le titre de *Correspondance d'un homme d'État avec un publiciste sur la question de savoir si le roi peut affranchir les serfs des seigneurs, à charge d'indemnité*, et encore d'une

Lettre de M. de Villette à Necker, pour lui reprocher de n'avoir rien dit ni fait dire des serfs dans les discours d'ouverture des États généraux (1).

Mais si la *Protestation* pour ainsi dire posthume de Voltaire n'enleva pas l'affranchissement préalable des serfs, elle réussit au moins à empêcher de les exclure des assemblées primaires; elle leur assura la faculté de rédiger un cahier particulier de leurs plaintes et de leurs vœux.

---

(1) Ces curieuses brochures du marquis de Villette ont été retrouvées par nous, en 1863, dans la *Bibliothèque révolutionnaire* du Louvre, qui contenait les pièces les plus rares, notamment contre Marie-Antoinette, recueillies pour la satisfaction des haines privées de Louis XVIII. Il y avait là tout un arsenal de documents terribles contre les hommes et les choses de l'ancien régime. Il y avait, de plus, dans un cabinet que le conservateur devait tenir fermé à toute étude indiscrète, une foule de pièces imprimées et manuscrites sur la famille des Bonaparte, recueillies principalement en 1814-1815 et sous la Restauration. On citait, comme un des trésors de cette collection, une correspondance de la reine Hortense, on ne peut plus négative de la légitimité de son fils l'empereur Napoléon III. Cette *Bibliothèque impériale* et la *Bibliothèque révolutionnaire* ont été dévorées par les incendies de mai 1871, qui, après la destruction du palais des Tuileries, ne se sont attaqués qu'à la partie du Louvre contenant la bibliothèque des empereurs et des rois depuis le commencement du siècle!

IV

Préparation des élections de 1789 en Franche-Comté.

Le *Règlement électoral du* 24 janvier attribuait le droit d'élire et d'être élu à tout Français domicilié, âgé de 25 ans accomplis, inscrit au rôle des contributions. Les journaliers, manœuvres, gagne-deniers sans la moindre propriété, et les ouvriers des villes non incorporés dans les maîtrises et jurandes, lesquels ne payaient pas la taille d'industrie, demeurèrent exclus parce que l'impôt ne les atteignait que d'une manière indirecte. Mais les fermiers des ecclésiastiques et des nobles, — que les États du Dauphiné avaient réputés civiquement incapables pendant la durée de leurs baux, — furent reconnus électeurs par le *Règlement*, et les serfs aussi, vu que, en outre des redevances seigneuriales et cléricales leurs communautés soldaient l'imposition royale foncière dont leurs maîtres étaient exempts.

Durant toute la fiévreuse préparation des États-généraux, le parlement de Besançon avait déployé le zèle le plus violent pour la défense des Ordres privilégiés et la restauration intégrale de la constitution franc-comtoise. S'opposant aux édits de Necker sur les Assemblées provinciales, il avait empêché d'en instituer une dans son ressort et avait même réussi à faire revivre, en novembre 1788, les anciens États de Franche-Comté, délibérant en trois chambres, qui émettaient chacune un vote. Le premier usage que faisaient de leur renaissance les chambres du clergé et de la noblesse, c'était, le 6 janvier 1789, de protester contre le *Résultat du conseil du roi* qui avait décidé le doublement de la représentation du Tiers état aux prochains États généraux. La délibération de la Chambre du Tiers, en sens opposé, trouvait un appui dans la contre-protestation de vingt-deux gentilshommes. Ces actes, le parlement se hâtait de les déclarer illégaux, presque criminels; il en faisait saisir jusqu'à la minute chez le notaire où on les avait déposés. (1)

Le 27 février, cette cour aristocratique va encore plus loin. Elle prétend condamner non seulement les brochures des Servan, des Sieyès, des Mirabeau, toutes « les opinions et assertions audacieuses, hasardées par des particuliers sans caractère et sans autorité..., qui élèvent des insurrections contre l'autorité légitime, engendrent une

---

(1) Léonce de Lavergne, *Assemblées provinciales*, généralité de Besançon.

guerre intérieure, ébranlent peut-être même l'autorité du roi ».

Elle attaque de front les décisions royales, elle frappe d'interdit les *Lettres de convocation*, le *Règlement* électoral particulier à la province, réprouve l'égalité de l'impôt, proclame irrévocables les exemptions des privilégiés. De la manière la plus générale elle établit que « l'irrégularité dans la distribution des biens est dans les décrets de la Providence et la nature de l'ordre social; qu'une grande partie du Tiers état ne subsiste et ne subsistera toujours qu'au moyen des terres et propriétés de la noblesse et du clergé. »

Elle adopte et fait afficher un arrêté, par lequel elle expose « en maximes irréfutables » : que les états de Franche-Comté, formés de trois chambres, avaient seuls le droit de nommer des représentants de la province aux États généraux; — que, pour le reste de la France, les États généraux ne pouvaient être réunis qu'en la forme de 1614, avec nombre égal de députés pour chacun des trois Ordres, et ces députés être tenus à la délibération séparée, au vote par ordre; — que, s'il était dérogé aux formes traditionnelles, tant pour la France que pour la Franche-Comté, ce ne devrait être qu'après décision prise « par la nation et par des députés nommés *ad hoc*; » — qu'en tout cas les États généraux « ne sauraient changer la constitution particulière des états de Franche-Comté, « ni déroger aux droits, immunités, privilèges et capitulations de la province; »— enfin, et ce dernier

article était rédigé sous la forme de menace, — que
« tous les impôts devaient être consentis » par les états
particuliers de Franche-Comté, et ceux-ci être convoqués
« pour nommer les députés aux États généraux. »

Cet arrêté du Parlement de Besançon suscita dans
toute la province d'éclatantes manifestations populaires
en l'honneur du roi et de son ministre.

Le 1ᵉʳ février 1789, au reçu des lettres de convocation,
les officiers municipaux et les notables de la petite ville
de Saint-Claude, — en tête desquels était notre avocat
Christin, « maire, » — signèrent une adresse à Louis XVI,
« le généreux monarque qui s'occupait de rétablir ses
peuples dans leurs droits. » Par délibération spéciale,
ils rappelaient à « la justice et à la bienveillance » de
Necker la promesse de l'affranchissement du Mont-
Jura, annoncée à la France entière dans le compte-
rendu de 1781.

Ailleurs s'élevaient des protestations, souvent très
vives, contre le règlement ministériel. Mais ici, au fond
de « l'enfer de la mainmorte », on ne demande que des
explications. Dès qu'on les a obtenues, on se réunit,
on prépare ses « doléances », on choisit les délégués
les plus capables de les bien rédiger et soutenir.

V

L'assemblée de Saint-Claude.

Ce n'est pas individuellement que les *communiers* des *meix* sont électeurs ; à vrai dire, c'est chacune de leurs *communautés*, chaque groupe de *meix* formant village, qui exerce le droit civique en raison de son inscription au rôle des contributions royales.

Avant même qu'ait sonné la cloche du village par ordre des autorités du bailliage, partout, dans la montagne serve, on sort des huttes, et l'on vient, sans doute avec les femmes, avec les enfants, discuter sur la place, en face de l'église.

Nos montagnes, écrit au garde des sceaux le grand juge de Saint-Claude, d'Alloz, dans les premiers jours de mars, « nos montagnes, qui semblaient avoir été créées pour être l'asile de la liberté, gémissent encore sous le plus dur esclavage ; elles attendent le grand jour des États généraux comme celui de leur régénération et de leur bonheur, et le nom sacré du roi, les noms chéris des vertueux ministres qui l'entourent sont gravés dans tous les cœurs, retentissent dans toutes les bouches et sont les sûrs garants de la justice et de la protection qu'obtiendront enfin quarante mille sujets industrieux et fidèles, dépouillés depuis des siècles des droits imprescriptibles de l'humanité. »

La réunion, à Saint-Claude, des délégués des communautés mainmortables avec les délégués des villes et bourgs du bailliage devait avoir lieu le 15 mars ; il fallut la remettre au 21, la fonte des neiges rendant les routes impraticables.

Mais enfin le voici arrivé le jour tant attendu, où le serf du moyen âge se voit naître à la liberté, prend place, dans une assemblée solennelle, vis-à-vis de ses seigneurs, non plus à genoux, debout, a droit de parler ou de faire parler en son nom, au même titre que les seigneurs, les chanoines, l'évêque. La souffrance et l'ignominie séculaires vont-elles éclater en cris de rage ? Rien de pareil ne se produit. D'après les rapports des fonctionnaires publics, nulle part les électeurs ne furent plus calmes et plus dignes qu'au Mont-Jura.

L'assemblée de Saint-Claude s'ouvre par un appel nominal qui prouve la représentation de quatre-vingt-dix-sept communautés mainmortables. Beaucoup de leurs délégués ne peuvent être désignés autrement que par des noms de baptême. « Pour cette canaille, » comme écrivait le marquis de Langeron, commandant les troupes à Besançon, le nom d'un saint, Jean, Jacques, Pierre ou Paul, suffit !

Cependant, au même titre que ces « gens sans nom », et pour parler, écrire à leur place, apparaissent des marchands, des médecins, de petits notaires de campagne. Car les communautés, si elles ont pris soin d'écarter absolument les agents fiscaux et judiciaires de leurs seigneurs, n'ont pas manqué de confier leurs pouvoirs à tous les lettrés connus et éprouvés comme ennemis des maîtres et défenseurs de l'humanité.

Le bailliage secondaire de Saint-Claude n'avait point de députés à nommer directement aux États généraux. Il n'avait qu'à choisir des électeurs pour l'assemblée générale du bailliage d'Aval, à Lons-le-Saulnier, et à les charger de présenter les cahiers des villes, bourgs et villages, réduits en un seul.

De ce double mandat furent investis sept citoyens : au premier rang, qu'il méritait, l'avocat Christin ; ensuite, son confrère de Moyrand, Bonguyot ; le notaire Prost, délégué de la communauté mainmortable de Longchaumois ; et quatre paysans désignés « sieurs » dans les procès-verbaux (1).

(1) Tous ces détails et ceux qui vont suivre sont tirés des pièces authentiques réunies dans la *Collection générale (manuscrite) des actes relatifs à la convocation et à la députation à l'Assemblée nationale* de 1789, l'un des plus beaux monuments historiques de nos

Ces sept délégués opèrent la réduction réglementaire. Mais les délégués des communautés mainmortables de Longchaumois, de Morez, de Morbier et des Rousses, lisons-nous au procès-verbal de la séance du 24 mars, réclament qu'il soit joint au cahier résumé un « *Mémoire en forme de supplication* pour appuyer la demande unanime de l'abolition de la mainmorte réelle et personnelle », et qu'il soit donné mandat impératif aux députés à Lons-le-Saulnier de faire maintenir ce *Mémoire* annexé au Cahier général du bailliage d'Aval.

Lecture est donnée de la pièce, qui obtient l'assentiment général.

Les délégués serfs de Grandvaux et de quelques autres communautés tiennent à y adhérer spécialement parce qu'elle établit que « l'affranchissement désiré peut et doit être accordé sans aucune indemnité. »

Ils font observer, et ils requièrent d'insérer au procès-verbal « qu'ils n'ont jamais fait ni pu faire de soumis-

---

Archives nationales. Cette *Collection*, ordonnée, sur le vœu même des cahiers, par ordre de la Constituante, sous la direction de Camus, député et conservateur des Archives nationales, forme 176 registres in-f°, dont le plus mince n'a pas moins de 500 pages ; beaucoup en ont 1,200. Les pièces relatives au bailliage secondaire de Saint-Claude, annexées aux procès-verbaux et cahiers du bailliage principal d'Aval (registre XVIII), n'ont pas été reproduites dans les *Archives parlementaires*, bien que la série des *Cahiers* ait été ajoutée, — sous l'empire, — après la publication, en 1862, du tome 1er de notre ouvrage le *Génie de la Révolution*, sur notre réclamation véhémente et d'après les indications très détaillées fournies par nous au n° I de nos Pièces justificatives et éclaircissements, p. 347-370.

sion à fin d'accepter l'affranchissement moyennant un cens d'un sol par arpent; car, pour asseoir ce cens, il faudrait faire l'arpentage de leurs territoires hérissés de rochers, couverts d'avalanches et de landes incultivables; il faudrait faire la distinction des fonds qui ne pourraient être assujettis au cens, tels que les fonds de communauté, les fonds affranchis, les fonds soumis à des directes particulières, les fonds qui ne sont d'aucun produit; cette opération si compliquée, et absolument neuve dans leur territoire qui n'a jamais été arpenté, entraînerait beaucoup de difficultés et surtout de frais ruineux qui pourraient excéder le capital compétent pour le rachat des produits éventuels de la mainmorte; d'ailleurs, un cens d'un seul denier par arpent dans un terrain aussi maigre, aussi stérile que le leur, serait plus onéreux que le cens d'un sol dans les domaines du roi. »

Par toutes ces considérations, « les requérants supplient Sa Majesté de leur accorder l'affranchissement à titre gratuit et d'aviser de quelque autre manière à l'indemnité des seigneurs de mainmorte au Mont-Jura, dans le cas où, contre l'évidence des raisons déduites dans le *Mémoire* ou autres à suppléer, il serait jugé qu'on doive en accorder une, et ce n'est qu'à charge de faire valoir toutes ces raisons que lesdits délégués de la grande majorité des communautés mainmortables *conféreront leurs pouvoirs aux députés du bailliage d'Aval aux États généraux.* »

Le notaire Prost et trois délégués des communautés serves, serfs eux-mêmes, nommés en même temps que Christin, premier délégué du bailliage secondaire, reçoivent commission expresse de présenter, soutenir et imposer au bailliage principal LES TRÈS HUMBLES ET TRÈS RESPECTUEUSES DOLÉANCES DES HABITANTS DU MONT-JURA AU ROI ET AUX ÉTATS GÉNÉRAUX.

VI

Les doléances des habitants du Mont-Jura

Ce document considérable, cet exposé officiel de ce qu'était jusqu'en 1789 le servage imposé au Mont-Jura par le Chapitre noble de Saint-Claude, ce Mémoire de la servitude, écrit sous les yeux des derniers serfs et dont chaque phrase a été approuvée par eux, est resté jusqu'à ce jour inédit, quoique nous en ayons signalé l'existence aux Archives nationales, il y a dix-sept ans. Omis, lors de l'impression des Cahiers d'Aval, à la fin du premier volume de la reproduction des Cahiers, ordonnée par le Corps législatif impérial, il a été encore oublié dans le supplément de la première série des *Archives parlementaires*, imprimé cependant sous la troisième République.

Remettons en pleine lumière ce document, terrible pour ceux des défenseurs de l'ancien régime qui s'agitent de nos jours, terrible surtout pour l'Église.

L'autorité des Cahiers de 1789 est reconnue irréfragable par les légitimistes eux-mêmes, qui ont essayé d'en exploiter l'esprit libéral contre le développement logique de la Révolution. Or voici ce qu'achève de prouver le cahier du Jura :

Le christianisme, au bout de dix-huit siècles d'existence, le catholicisme, au bout de mille ans de domination n'avaient aboli ni l'esclavage à la manière antique pour les noirs, ni la servitude à la façon féodale pour les blancs, et les derniers serfs de France, aussi maltraités qu'en l'an 1300, étaient en grande majorité vassaux de seigneurs ecclésiastiques.

Cette pièce, admirablement rédigée, commence sur ce ton d'une modération excessive, nous allions dire d'une générosité surhumaine :

« Sire, — Des possesseurs de fiefs, la plupart ecclésiastiques, s'obstinent, malgré vos invitations paternelles, à retenir dans les chaînes de la servitude plus d'un million de Français. Les suppliants sont du nombre de ces malheureux serfs. Ils ont pour seigneur Mgr l'évêque de Saint-Claude et le chapitre de sa cathédrale. »

L'évêque, aussi vertueux que noble, « a souvent témoigné que sa plus douce satisfaction serait d'abolir la mainmorte dans ses terres », mais il ne le pouvait sans le concours de son chapitre. Celui-ci, en 1781, annonçait que, « par esprit de conciliation et surtout par respectueuse référence aux désirs de sa Majesté, » il rendrait la liberté à ses mainmortables moyennant un léger cens. Les habitants s'empressaient d'accepter la redevance, et ils transmettaient au ministre des finances les actes contenant cette acceptation. Depuis, néanmoins, rien n'a changé au Mont-Jura.

« Nous nous réjouissions de rentrer dans les droits qui appartiennent à tous les hommes. Pouvions-nous nous douter que des prêtres et des gentilshommes manqueraient à la parole qu'ils avaient donnée à Votre Majesté, à la promesse qu'ils nous avaient faite à la face de l'Europe?... Malgré ce contrat formé entre eux et nous, ils nous retiennent toujours dans la servitude. Sire, nous n'avons plus de ressource et d'espérance qu'en la protection et la justice de Votre Majesté. »

La Coutume de Franche-Comté n'a été acceptée par le duc et comte de Bourgogne, en 1459, que sous la réserve expresse pour « lui et ses successeurs, de la pouvoir corriger, amender, réformer et interpréter, toutes et quantes fois qu'il lui plairait et que besoin serait. » Donc il appartient à Sa Majesté de « juger si les règles imprescriptibles de l'équité, si les bonnes mœurs et le bien de l'État n'en sollicitent pas la révocation. »

Le titre quinzième de cette Coutume est mis, article par article, sous les yeux du roi, et chaque disposition éclairée d'un exemple historique et d'un fait récent.

L'article premier accordait à la servitude de corps le

privilège de l'imprescriptibilité ; l'édit d'août 1779 l'a dé fait aboli. De même se trouve abrogé l'article XII, relatif au *droit de suite*. Mais tous les autres subsistent.

En vertu de l'article II, l'homme libre qui s'établit en lieu de mainmorte et y prend *meix*, — une habitation avec quelques arpents de terre cultivable, — devient mainmortable quant à lui et à sa postérité à naître. La jurisprudence a étendu cette disposition au point qu'un homme, n'ayant pas reçu *meix* du seigneur, n'ayant pas acquis une propriété, n'habitant même qu'une maison louée, contracte la servitude par la seule résidence d'un an et un jour.

Par conséquent, impossible à un étranger « de venir établir quelque manufacture parmi nous et enseigner un art utile à nos enfants ! »

Selon l'article III, l'homme franc qui épouse la fille d'un serf et va demeurer en lieu de mainmorte chez sa femme, ne contracte pas la servitude, si durant la vie de sa femme ou l'année de sa mort, il abandonne au seigneur la maison et les terres lui appartenant. Seulement, s'il meurt dans ce lieu, ses enfants qui y sont nés sont réputés mainmortables. — « Le malheureux père n'a qu'une ressource pour épargner cet opprobre à ses enfants, c'est lorsqu'il tombe malade de se faire transporter, à travers les rochers et les précipices, dans une terre libre, et d'y rendre le dernier soupir !... La mort de plus d'un père a été ainsi causée ! »

Par l'article IX, la fille libre qui épouse un serf est

réputée serve pendant la vie de son mari ; si elle meurt chez son mari, ne laissant pas d'enfant, sa dot et tout ce qu'elle possédait appartiennent au seigneur ; de même, si elle laisse des enfants séparés d'elle. Pourrait-elle faire échapper sa succession aux conséquences de la mainmorte en se faisant transporter, pour mourir, en terre libre ? Un arrêt du parlement de Besançon, du 4 août 1745, a donné raison aux moines de la Charité plaidant contre les frères d'une femme Verdoz morte ainsi.

Le principe « la femme suit la condition de son mari » enlève la liberté à la fille libre épousant un serf ; il devrait la rendre à la mainmortable épousant un homme franc ? Point : l'article v de la Coutume n'affranchit celle-ci qu'à l'égard des acquêts faits en lieu de franchise ; si, lors de sa mort, ses enfants ne sont pas avec elle, le seigneur hérite, à leur exclusion, de sa dot et de son trousseau.

Pour que la fille du serf hérite de son père et de sa mère, obtienne simplement « sa légitime », il faut, d'après l'article x, qu'*elle ait passé la première nuit de ses noces dans la maison paternelle*; si elle l'a passée chez son mari, elle se trouve déshéritée !

Et pourquoi, si ce n'est en représentation de l'ancien *droit du seigneur*, dont l'exercice n'eût pas été possible sans la présence forcée de la jeune mariée dans la localité, à la disposition du maître ?

Citons tout au long ce qu'écrivaient sur ce sujet délicat les serfs électeurs de 1789 :

« Cet usage ne paraît aujourd'hui que ridicule, mais il en rappelle un autre qui prouve combien la force a toujours abusé de la faiblesse.

» Dans les terres mainmortables, le seigneur obligeait anciennement les jeunes épouses à venir dans son donjon lui faire hommage de leur virginité. Ce n'est qu'après lui en avoir fait le sacrifice qu'elles pouvaient aller habiter avec leurs maris. C'est pourquoi il leur était défendu de s'absenter de la seigneurie la première nuit de leurs noces sous peine d'être déclarées incapables de succéder à leurs pères et mères. Cette défense devait disparaître avec les indignes sacrifices pour lesquels elle avait été établie. Cependant elle subsiste encore avec la peine que la barbarie y avait attachée, et chaque jour elle donne lieu à des procès.

» Qu'après la mort de son père une femme introduise une action en délivrance de sa légitime, ses frères ou son seigneur ne manquent jamais de lui opposer qu'elle est non recevable, à moins qu'elle ne prouve qu'elle ait couché la première nuit de ses noces dans la maison paternelle. Pour prouver ce fait, il faut procéder à des enquêtes. Souvent plusieurs années se sont écoulées depuis le mariage de la fille jusqu'à la mort du père ; souvent ceux qui auraient pu porter témoignage sont morts dans l'intervalle ou se sont retirés dans quelque contrée inconnue. Dans ce cas, la preuve devient impossible, et la malheureuse est renvoyée de sa légitime et condamnée aux dépens. Si quelquefois elle trouve des témoins, la partie adverse cherche des prétextes pour les récuser, en séduit d'autres et oppose ainsi témoins aux témoins. Nous avons vu, en 1771, le Chapitre de Saint-Claude obtenir et faire publier un monitoire qui *lançait les foudres de l'Église contre tous ceux qui, sachant qu'une pauvre femme avait passé chez son mari la première nuit de ses noces, ne viendraient pas le révéler :* c'était pour balancer l'enquête de cette femme qui avait prouvé, par six témoins irrécusables, qu'elle avait passé cette première nuit dans la maison de son père.

» Le mari qui a la facilité de trouver un notaire et le moyen de le payer l'appelle le soir des noces dans la maison de son beau-père, et lui fait dresser un acte portant *qu'il y a vu l'épouse et que cette épouse a déclaré qu'elle y est venue pour y coucher.* Mais, si cette maison est éloignée de la résidence du notaire, si le mari est pauvre, il n'a pas cette ressource, et sa femme court le risque de perdre ses droits à la succession de son père. »

VII

Le droit du seigneur.

Insistons, car ce détail immoral en vaut la peine, en raison de la véhémence des dénégations opposées de notre temps au *droit du seigneur* par les partisans rétrospectifs de la féodalité, par les défenseurs d'une Église infaillible dont la doctrine divine est réputée par eux n'avoir pu changer à travers les siècles !

Commentant la Coutume de Franche-Comté, l'abbé Clerget (1) attribue à l'article relevé par le Cahier des serfs la même origine, et il n'a pas l'air de supposer que ce soit contestable. Il cite l'abbé Velly, un jésuite, écrivant, dans son *Histoire de France* (2), à l'année 1270,

(1) P. 32-33 du *Cri de la Raison*, précédemment analysé.
(2) Si célèbre au commencement du dix-huitième siècle, qu'elle fut continuée jusqu'à la mort de Louis XVI, par Villaret, Garnier et Fantin-Desodoards.

que « le *droit de prélibation*, depuis appelé *markette*, consistait, pour le seigneur, à coucher la première nuit avec les épousées, leurs vassales. » Des barons, ajoute l'orthodoxe historien, des évêques même jouissaient de ce droit, originaire d'Ecosse, qui passa sur le continent, en France, et qui existait encore notoirement du vivant de l'auteur (1709-1759).

Clerget (1) insiste sur l'admission devant les tribunaux de la question de la première nuit, du moment que, la prélibation ayant cessé d'être praticable, « il n'importe par conséquent plus de savoir ni où ni comment la nouvelle mariée perd sa virginité. » Le *droit de jambage*, explique-t-il, provint de ce que les seigneurs, « ne pouvant exercer leur droit de prémices dans toute son étendue, » se contentaient souvent de « mettre une jambe bottée » dans le lit des épousées. Presque partout on convertit en argent un droit qui avait cessé d'être perceptible en nature, mais, en beaucoup de localités, pour l'humiliation du vassal, la coutume brutale se changea en farce avilissante. Dans telle seigneurie, les nouveaux mariés étaient obligés à passer leur première nuit au haut d'un arbre et à y consommer leur union. Dans telle autre, ils devaient soit se plonger liés dans la rivière, soit s'attacher nus à une charrue et tracer quelques sillons. Ailleurs, — était-ce assez spirituel? — on les faisait sauter à pieds joints

---

(1) P. 102-107.

par-dessus les cornes d'un cerf. Parfois, on les forçait à se jeter avec leurs habits de noce dans le fossé boueux du château, ou encore, au lieu de rentrer chez eux, à battre jusqu'au matin l'eau des étangs pour faire taire les grenouilles, qui gênaient le sommeil du maître.

La question du *droit du seigneur* paraissait avoir été résolue d'une manière irréfutable par la production d'une pièce qu'indiqua Maltebrun en 1812, et qui, entre 1820 et 1830, fut publiée dans la *Bibliothèque historique* de Chevalier et Cauchois-Lemaire (1).

C'est une sentence de la sénéchaussée de Guienne, rendue le 13 juillet 1382, donnant, contre Catherine Soscarole et son mari Guillaume Bécaron, gain de cause au seigneur de Blanquefort, à qui la mariée avait résisté et que le mari avait « couvert de mauvaises paroles. » Cette sentence reconnaît comme bonne et valable la revendication ainsi définie:

« De tout temps et par coutume ancienne, les puis-
« sants seigneurs de la terre et seigneurie de Blanque-
« fort, Le Taillian, Cantenac, Margaux et autres, ont
« le droit de prémices et de déflorement sur toutes et
« chacunes filles non nobles qui se marient en ladite
« seigneurie de Blanquefort dessus dénommée, le pre-
« mier jour de leurs noces, le mari présent. *Maritus*
« *ipse femora nuptæ aperiet, ut dictus dominus primum*
« *virginis florem primitiasque delibet facilius*. Et ledit

(1) T. XII, p. 332.

« déflorement fait, ledit seigneur *ne pourra plus toucher*
« *ladite mariée et devra la laisser au mari* (1). »

En 1854, à l'Académie des sciences morales et politiques, Dupin aîné lisait un mémoire sur les *Coutumes locales du bailliage d'Amiens*, par M. Bouthors, greffier en chef de la Cour impériale de cette ville. D'un passage

(1) La sentence, après le relevé des faits, après la constatation de l'arrestation de la mariée et du marié, enfermés séparément, porte:
« Vu par la sénéchaussée, la plainte criminelle dudit seigneur Jean de Durafort, ensemble les informations, enquêtes par écrit et par assemblées de témoins et autres pièces du procès entre les parties, à raison de ladite plainte criminelle et de tout ce que dessus est dit, ladite Cour, faisant droit aux parties, a dit et déclaré ledit seigneur être bien fondé en droit et en raison et par coutume ancienne, d'avoir et pouvoir prendre les prémices et faire le déflorement le premier jour des noces, sur toutes et chacunes filles non nobles qui se marieront en ladite terre et seigneurie de Blanquefort et autres susdites, le mari présent; cela fait, ledit seigneur ne pourra plus toucher la mariée et la devra laisser au marié ; et pour raison de ce qui est dessus déclaré, ladite Cour a condamné et condamne ladite Soscarole et ledit Guillaume de Bécaron le jeune à obéir audit seigneur pour qu'il prenne son droit en la manière susdite; et en ce qui touche les mauvaises paroles que le même Guillaume a dites audit seigneur, ladite Cour l'a condamné et condamne à s'amender envers ledit seigneur et lui demander grâce un genou en terre, la tête nue et les mains en croix étendues sur la poitrine, en présence de tous ceux qui furent assemblés à ses noces ; et de plus ordonne ladite Cour, qu'en tout ce qui touche le droit susdit, la présente sentence servira de loi et statut, tant pour le temps présent que pour le temps à venir, à charge par ledit seigneur de la faire proclamer et publier, soit par un notaire royal, soit par un appariteur, au-devant de la porte dudit Cantenac, à la sortie de la messe de paroisse, et par toute l'étendue de ladite seigneurie de Blanquefort et autres susdites, et de faire dresser actes du jugement en tel nombre qu'il lui plaira. »

de cet ouvrage indiquant que des ecclésiastiques mêmes avaient usé du droit de *markette*, il rapprochait la sentence que nous venons de citer et une « décision » de Nicolas de Bohier, président du Parlement de Bordeaux (né en 1469, mort en 1539), rapportant « avoir vu juger en cour de Bourges, devant le métropolitain, un procès d'appel, où le curé de la paroisse prétendait que, de vieille date, il avait *la première connaissance charnelle avec la fiancée*, laquelle coutume avait été annulée et changée en amende » (1).

Dupin concluait, à l'Institut : « Que les amis posthumes de la féodalité ne viennent pas dire que ce sont là des fables ou des exagérations inventées par les adversaires de l'ancienne aristocratie seigneuriale ! On peut contester certains récits qui ne se trouvent que dans des chroniques crédules et des écrivains passionnés. Mais quand de tels faits sont écrits dans les lois, où ils sont qualifiés de *droits*, quand le texte de ces lois est authentique et qu'il est produit, le rôle officieux de la dénégation devient impossible. »

M. Veuillot l'essaya cependant. Après avoir, durant de longues semaines, rempli son *Univers* d'injures contre l'Académie et contre Dupin, il fabriqua un assez gros volume, le *Droit du seigneur* (2). On y trouverait peut-être la preuve que le pape Alexandre VI eut des mœurs, mais pas celle que, plus blanche que la blanche her-

---

(1) *Bœrii decisiones*, p. 297.
(2) In-18, 1854.

mine, la féodalité ecclésiastique ou laïque ignora l'usage de la *markette*.

A l'appui de l'Institut, parut, en 1855 un *Essai sur le droit du seigneur*, par un conseiller à la Cour de Pau, M. Bascle de Lagrèze, aussi démonstratif que bref. Des citations en patois y prouvent que les vasseux des seigneurs de Louvie, Bizanos et Baudéan étaient tenus « de présenter leurs femmes la première nuit, pour en faire (les seigneurs) *à leur plaisir* ». — Ce qui confirmait le fait relevé dans les *Fors de Béarn* (1) que le premier enfant des serfs était libre de droit, « parce qu'il pouvait être le résultat des plaisirs du seigneur. »

M. Veuillot refusa les preuves pyrénéennes, sous prétexte que jusqu'au seizième siècle la polygamie était couramment pratiquée dans le pays de Pau. Il fit adopter par tous les orthodoxes son opinion qui consiste à prétendre que le *droit du seigneur* a été inventé au seizième siècle, par des gens de lettres infectés de l'esprit de la Renaissance et de la Réforme. Ces diffamateurs du moyen âge auraient sciemment perverti la nature et les effets du « droit de formariage » reconnu par les Coutumes, ou encore le « droit du Seigneur-Dieu » (2), simple dispense qui se payait au curé afin de ne pas observer la recommandation canonique d'abstinence charnelle durant les trois premières nuits.

Cependant, comme nous le faisions remarquer, l'au-

---

(1) Par Mazure et Hatoulet, 1842.
(2) Suivant le système de M. J. Delpit, *Droit du seigneur*, 1853

teur le plus souvent cité parmi ceux qui ont pris la *markette* au sérieux, l'abbé Velly était jésuite. Du droit du seigneur on parle tout à fait gravement dans le *Dictionnaire de Trévoux*, imprimé par les jésuites. Le *Glossaire* de Du Cange, continué par les Bénédictins, produit un aveu de 1228, en vertu duquel Jean de Mareuil soutient son « droit de braconnage sur les filles et fillettes » de sa seigneurie.

A moins d'être païen, contesterait-on les assertions contenues dans les *Acta sanctorum*, dans la *Vie des saints* du recueil des Bollandistes, cet interminable chef-d'œuvre de la compagnie de Jésus ? Or, Papebroch, en la vie de saint Forranin, abbé de Valcianor, constate que le « droit de s'attribuer la première nuit était un honteux abus de l'ancienne noblesse » ; il loue la loi chrétienne « d'avoir transformé ce droit en ce qu'il avait de contraire à la religion », c'est-à-dire d'avoir amené les seigneurs à recevoir, au lieu des prémices en nature, « une certaine somme d'argent en reconnaissance de la souveraineté. »

Mais pour avoir agi, la « loi chrétienne » avait-elle été vite et partout efficace ? L'évêque Fléchier, dans ses célèbres Mémoires sur les *Grands jours d'Auvergne*, atteste que, dans la seconde moitié du dix-septième siècle, les seigneurs auvergnats pratiquaient « assez communément » leur droit de prélibation ; quand ils y renonçaient « il en coûtait bien souvent la moitié de la dot ! »

VIII

L'immoralité féodale.

Si la chose n'eût été d'usage courant au seizième siècle, Montaigne n'aurait pas écrit la plaisanterie profonde du chapitre « de la coustume », au livre premier de ses *Essais*. Le trait final de son raisonnement comique, sur ce « qu'il ne tombe en l'imagination humaine aucune fantaisie qui ne rencontre l'exemple de quelque usage public », arrive juste en preuve de l'authenticité de la coutume de Blanquefort : « *Sauf si c'est un laboureur ou quelqu'un du bas peuple, car lors c'est au seigneur à faire; et si on ne laisse pas d'y recommander estroitement la loyauté, pendant le mariage.* »

Deux siècles plus tard, en son *Dictionnaire philosophique*, à l'article « Cuissage », Voltaire tient pour certain que l'usage d'avoir la virginité de la vassale fut un droit coutumier et que les ecclésiastiques, seigneurs temporels, ne s'en privèrent point. « Il y a bien longtemps, écrit-il, que des prélats se sont désistés de cet ancien privilège pour des redevances en argent, auxquelles ils avaient autant de droit qu'à... la vertu des filles. Mais remarquons bien que cet excès de tyrannie ne fut jamais approuvé par aucune loi publique... Des lois absurdes, barbares, vous en trouverez partout ; des lois contre les mœurs, nulle part (1). »

Michelet, dans son introduction à la *Renaissance* (1855), a expliqué avec la clarté de l'évidence comment la condition équivoque du serf le laissa, durant une longue série de siècles, à la merci des immoralités comme des cruautés seigneuriales. A la « simplicité tragique » de l'esclavage gréco-romain, « une forme de la mort, » il comparait le servage, « état absurde et contradictoire, » qu'il décrivait ainsi :

« Voilà un chrétien, une âme rachetée de tout le sang d'un Dieu, une âme égale à toute âme, qui ne traîne

---

(1) De même que l'abbé Clerget, Rozet dans la *Véritable origine des biens ecclésiastiques* (2 vol. in-18, Paris, 1791) relève le « droit de cuissage ou de prélibation » comme une des ignominies du régime féodal. Il lui consacre un chapitre, xxiii, le distinguant avec soin des droits casuels, que perçurent longtemps les prêtres sur « la première nuit » des jeunes épousées, la « bénédiction du lit », le « remariage » des veuves, etc., expliqués au chapitre précédent, xxii. Il parut, en 1790, une brochure de 87 pages in-8° : *Le droit de jambage ou le droit des anciens seigneurs sur les nouvelles mariées.*

pas moins ici-bas dans un esclavage réel dont le nom seul est changé ; que dis-je ? dans un état anti-chrétien, tout à la fois responsable et irresponsable, qui le soumet, l'associe aux péchés du maître et qui le mène tout droit à partager sa damnation. Est-il libre ? ne l'est-il pas ? Il l'est, il a une famille garantie par le sacrement. Et il ne l'est pas ; sa femme, en pratique, n'est pas plus sienne que la femme de l'esclave antique. Ses enfants sont-ils ses enfants ? Oui et non. *Il est tel village où la race entière reproduit encore aujourd'hui les traits des anciens seigneurs* (je parle des *Mirabeau*). Le serf, ni libre, ni non-libre, est un être bâtard, équivoque, né pour la dérision. C'est là la plaie du moyen âge : c'est que tous s'y moquent de tous. »

Aussi vivement attaqué que Dupin (aîné) par la presse catholique pour avoir cru à la « marquette », lui avoir même attribué une origine celtique, M. Henri Martin (de l'Académie française) revient plusieurs fois (1) sur « le droit du seigneur ». L'absence d'une loi authentique, moralement expliquée par la logique de Voltaire et matériellement par les radiations que firent aux Coutumes les légistes anti-féodaux qui les fixèrent, n'empêche pas l'illustre historien de rester convaincu que le droit antique d'user et d'abuser de l'esclave s'exerça souvent sur les personnes serves. Il maintient donc qu'au moyen âge certains petits tyrans féodaux pratiquaient « l'at-

(1) T. II, III, V de la quatrième édition de son *Histoire de France*.

tentat à la pudeur constitué à l'état de coutume ». Son impartialité bienveillante lui fait admettre que parfois on dut confondre, avec la représentation du droit du seigneur, l'abstinence canonique des premières nuits. Mais il lui paraît plus que probable que certains suzerains ecclésiastiques dénaturaient cette taxe de dispense et la confondaient avec l'abus seigneurial. Si les articles précis de lois impossibles à rédiger font défaut, très nombreuses sont, dans les ouvrages des anciens jurisconsultes, les allusions à la « marquette » et les fins de non-recevoir des tribunaux contre les réclamations des seigneurs ou les oppositions des vilains.

Une preuve très nette est tirée par M. Henri Martin de l'*Essai* de M. de Lagrèze. D'après une légende de la vallée d'Aure, une jeune fille, ayant en vain essayé d'obtenir, au moment de se marier, la renonciation du seigneur à ses prémices, se réfugie dans la chapelle de Notre-Dame de Bourisp. Elle promet à la Vierge la plus belle génisse de son troupeau si son honneur survit à la cérémonie nuptiale. Le jour de la noce, le seigneur est frappé de mort subite, le vœu est acquitté, et il en résulte, pour la chapelle, une redevance qui fut payée à Notre-Dame jusqu'en 1789.

Tout à la fin du XVIIIe siècle se retrouve très répandu, en Bretagne, le droit de quintaine. Il consistait dans l'obligation, par le paysan marié pendant l'année, de « courre la quintaine » devant le seigneur du fief où il avait passé la première année de ses noces.

Contre un poteau planté exprès sur la place ou dans la rivière, il devait rompre une grande perche de bois, et, chaque fois qu'il manquait son coup, c'était une joie pour le seigneur et ses invités. — Toujours la dérision dont parle Michelet, l'avilissement servile!

Contre la *quintaine*, le *saut du poisson*, le *baiser de mariée* et autres droits « aussi outrageux qu'extravagants », comme on dit dans le cahier du tiers-état de Rennes, il se produit un soulèvement violent parmi les électeurs du peuple de Bretagne. Ceux d'Auray exigent l'extinction des « droits sans utilité, ridicules, où l'homme dur et ambitieux s'avilit lui-même en dégradant son semblable ». A Brest, à Nantes, dans chaque sénéchaussée de la Bretagne, le cahier du Tiers contient l'énumération minutieuse de ces fantaisies seigneuriales parmi les droits féodaux à abolir sans indemnité, parce qu'ils n'ont pu résulter d'une convention admissible ou supposable. L'irritation générale qu'ils causent n'indique-t-elle pas qu'ils rappelaient aux vassaux devenus citoyens « l'ignominieux droit du seigneur »?

A l'autre bout du territoire, précisément dans cette seigneurie où la race entière reproduit les traits des anciens seigneurs, comme Michelet l'a indiqué, à Mirabeau, en Provence, les électeurs commencent le chapitre de leur Cahier spécial aux droits féodaux par la déclaration que « si la communauté pouvait se flatter d'avoir pour seigneur *l'ami des hommes* et *l'ami du peuple* », elle en attendrait l'abolition de la bienfaisance seule des Mirabeau. Mais ajoutent-ils vite, « il est question d'une régénération générale; la communauté y joint son vœu. » Et un article est consacré au « droit de compensation : » La communauté de Mirabeau « ne parle de ce droit ridicule qui n'existe plus, que pour qu'il soit fait mention, dans le Cahier général, des droits qu'il entraînait et des procès sans nombre qu'il faisait naître. » N'est-ce pas un ressouvenir du « droit du seigneur » (1)?

En Lorraine, à Bouzonville, Château-Salins, Dieuze, les gens du Tiers réclament avec vivacité la suppression du « droit, d'ailleurs peu productif, de *chef d'hôtel*, droit capital qui rappelle sans cesse l'ancienne et honteuse servitude. » — Ce droit autorisait le seigneur à prendre, dans la maison de son sujet mort, le meilleur meuble après le premier, par exemple le second cheval de l'écurie.

« Destruction générale des droits résultant de l'ancien régime de la féodalité, qui ont toujours tenu jusqu'ici les peuples dans l'esclavage et dans une servitude outrageante, » disent les paysans de Montandon en Angoumois.

Les bourgeois de Tours veulent, eux aussi, la suppression de « toutes les charges avilissantes »; ceux de Blois : « l'abolition des servitudes personnelles, qui ne sont d'aucune utilité pour les seigneurs et qui sont dangereuses et ridicules. »

(1) *Archives parlementaires*, 2ᵉ série, t. VI, p 351-357.

A Gourdon, en Quercy, on s'élève contre « tout droit odieux et humiliant. »

On insiste à Vesoul contre le formariage, et, dans le cahier de Dijon, on désigne *le droit de jambage*, comme s'il était pratiqué ou pouvait encore l'être.

Un auteur éminent, — qui certes n'est pas contestable pour nos amateurs actuels de l'ancien régime, — le fils du plus fidèle compagnon d'armes du vendéen Charette, Paul-Lucas Championnière (1), dit que : « le caractère odieux n'a jamais cessé d'être celui du régime seigneurial. » Il parle de « ces droits *immoraux*, absurdes, ridicules », qui disparurent sous l'autorité des parlements et les progrès de la civilisation ; fruits d'une domination sans contrôle, de mœurs corrompues, d'un pouvoir capricieux, sans limite de fait ni de droit. « Beaucoup, ajoute-t-il, durent naître à l'abri de la maxime : *Entre le seigneur et son vilain il n'y a pas de juge fors Dieu.* » — Dieu était loin et la fille du manant à la portée du maître.

(1) Dans son très savant traité *De la propriété des eaux courantes* (1845), nos 305 et 310.

IX

Suite du cahier des mainmortables.

Fermons cette parenthèse sur le *droit du seigneur* et revenons à l'analyse de la *coutume franc-comtoise* commentée par les mainmortables électeurs.

L'article VII porte : « Le seigneur prend les meubles, immeubles et biens quelconques de la succession de ses mainmortables, de quelque état qu'ils soient, *s'ils n'ont point de parents communs et demeurant avec eux.* »

Et cela, le serf fût-il *clerc, prêtre, évêque.* — S'il n'a pas de parents demeurant avec lui, « un serf élevé à la prêtrise et pourvu d'une cure dans le Jura ne pourra disposer par testament, au profit des pauvres de sa paroisse, des épargnes qu'il aura faites sur les revenus de son bénéfice. Ces épargnes, qui sont le patrimoine des indigents, se réuniront à celui du seigneur. »

L'article XIII interdit de vendre, aliéner ou hypothéquer l'héritage mainmortable sans le consentement du seigneur. La défense n'excepte rien de ce que pourrait acquérir le serf par son industrie propre. Le domaine dont il s'est enrichi, il ne saurait, en un moment de revers, l'hypothéquer librement. Le seigneur ne lui permettra de vendre que s'il vit avec ses enfants héritant de lui, et parce qu'alors la vente, de son vivant, avant l'ouverture de sa succession, procurera des bénéfices considérables au seigneur. Mais, si le serf vit seul, le seigneur étant sûr d'hériter de lui, empêchera la vente d'un domaine revenant à la seigneurie.

Quant à l'hypothèque, le seigneur octroie son agrément en faveur de celui des créanciers qui y met le plus haut prix. Après faillite, le produit de la vente d'un bien mainmortable est distribué judiciairement, non au prorata des créances, mais selon les privilèges concédés par le seigneur. Un débiteur de mauvaise foi peut simuler une créance en faveur d'un complice sûr du consentement seigneurial, et frustrer tous les créanciers réels.

D'autre part, le seigneur a la faculté d'exercer en même temps ses deux droits de lods et de retrait, de vendre et retenir d'un seul coup : par la première opération, il double le prix de l'enchère dont il garde moitié, et, par la seconde, il se procure le tiers, sinon la moitié, de la somme versée.

« Que, par une industrie extraordinaire et par un

bonheur rare dans ces contrées, un serf fasse fortune ; que, sur un sol de 50 francs, il bâtisse une maison de 50,000 francs, si, dans la suite, un malheur l'oblige à la vendre, le seigneur, qui n'a pas contribué à la construction, en retirera cependant, par son droit de lods, le tiers et moitié du prix ; que l'acquéreur meure ensuite sans parents demeurant avec lui, cette maison reviendra encore au seigneur. »

Lorsque, par succession ou par échute, le seigneur prend les biens du mainmortable, établit l'article XVIII, les créanciers n'ont droit d'exercer leurs reprises que si auparavant, de consentement seigneurial, il a été contracté à leur égard obligation ou hypothèque : ce qui n'avait pas lieu dans le Bugey, où le seigneur était obligé, soit de payer les dettes du serf, soit d'abandonner aux créanciers ses biens. Qui pis est, la dot de la femme, dont partout le privilège est garanti par ordonnance depuis 1747, n'est payée, en Franche-Comté, à la mort de l'époux, que si le seigneur en a consenti la garantie sur l'immeuble.

Le mainmortable ne peut, dit l'article XIV, disposer de rien, n'importe où, par donation à cause de mort « si ce n'est au profit de *ceux qui sont communs en biens avec lui* et qui, par droit coutumier, pourraient et devraient lui succéder. »

Les articles XVI et XVII insistent sur ce que, pour être et rester successibles les uns aux autres, les serfs sont tenus de *vivre ensemble sous le même toit, au même feu, à la même table*. Et si leur *communion* se dissout, s'ils se séparent n'importe pour quel motif, *ils ne pourront plus*, selon l'article xv, *se réunir sans le consentement du seigneur*.

Ainsi, ajoutent les électeurs de Saint-Claude, « chaque maison ne semble être qu'une prison où des captifs sont obligés de s'associer et de se renfermer, sous peine de perdre leur part à quelques arpents de terre qu'ils ont si souvent arrosés de leurs sueurs! »

Suit la description des effets de la *communauté*, lorsque, par le mariage de plusieurs fils, dont les femmes sont antipathiques les unes aux autres, il devient de l'intérêt de chaque ménage de faire perdre patience aux autres; car ceux qui partiront grossiront d'autant l'héritage de ceux qui resteront. Les enfants du *copersonnier* qui s'en est allé sont exclus de la succession de l'aïeul. Dans la hutte commune, chacun travaille pour tous; l'individu, ayant plus de talent et d'économie que les autres, ne garde rien pour lui en propre, même si ses *copersonniers* demeurent sans rien faire.

Sans doute la possibilité de dissoudre une *communion* insupportable est admise; mais, faute de comptes entre gens ne sachant pas écrire, il y a lieu à intervention judiciaire; les frais dévorent le peu d'argent et la valeur du bétail, à partager avant d'abandonner le *meix*, qui appartient au seigneur.

Alors, au moins, le serf se trouvera libéré? Non. S'il meurt sans enfants, même en lieu de franchise, tout ce qu'il aura acquis par son travail reviendra à son ancien seigneur.

Sur quoi les mainmortables s'écrient :

« En vain Dieu, en donnant des besoins à l'homme et la ressource du travail, a fait du droit de travailler la propriété de tout homme ; en vain Votre Majesté a déclaré que cette propriété est la plus sacrée et la plus imprescriptible de toutes (1). Le peu que nous gagnons par notre sobriété et le travail de tous les jours n'est point à nous ; des mains étrangères attendent notre mort pour s'en saisir et l'enlever à nos parents, à nos enfants même. Il est vrai que nous pouvons les écarter à jamais, en nous assujettissant à vivre toujours dans le même manoir avec nos enfants, nos frères, nos neveux et nos cousins jusqu'au dixième degré ! Mais, par cette considération même qu'il est en notre pouvoir d'exclure le seigneur de nos successions, il n'y a proprement aucun droit. Pourquoi nous imposer une gêne qui est sans avantage pour le seigneur, tant qu'elle subsiste ; une gêne qui, en concentrant une famille nombreuse dans l'enceinte étroite de son manoir, l'empêche de s'étendre et de multiplier, et nuit ainsi à la population et à l'agriculture ?

« S'obliger à vivre toujours en communauté est une loi réprouvée par les conventions romaines qui régissent notre province...

« Si nous sommes des hommes ; si, contribuant aux

(1) *Édit des Jurandes*, du mois de février 1776.

charges de l'État comme les autres sujets de Votre Majesté, les lois doivent nous protéger comme eux, pourquoi sommes-nous asservis, sous peine d'exhérédation, à une captivité qu'elles condamnent et qui est si préjudiciable à l'État? »

Les articles XIII à XVII de la Coutume ne s'appliquaient, au commencement du XVIe siècle, qu'aux serfs de corps. Aux états de la province, en 1549 et en 1606, le clergé et la noblesse ont obtenu des édits qui étendent la portée de ces articles aux hommes libres acquérant des immeubles mainmortables ou venant habiter en terre serve.

« Le Jura renferme si peu de terres cultivables que, dans les meilleures années, elles ne produisent pas de quoi nourrir le quart des habitants. Notre industrie pourrait suppléer à l'aridité du sol. Placés à l'entrée de la Suisse et de l'Italie, nous verrions fleurir le commerce parmi nous, si notre condition, au lieu de nous ôter tout crédit, pouvait inspirer quelque confiance. Celui qui ne peut offrir des sûretés ne trouve pas des emprunts; celui qui doit avoir son tyran pour héritier n'est tenté ni d'améliorer son champ, ni d'augmenter sa fortune. De là un découragement général et la multitude de mendiants que l'on rencontre à chaque pas dans cette malheureuse partie de la province. *Le seigneur, qui hérite du serf opulent, n'est point obligé de nourrir le serf pauvre!* »

A tous ces arguments, de nature à éclairer le gouvernement et à passionner les États généraux, les mainmortables ajoutent celui-ci, destiné à toucher le roi en son honneur de chef de l'armée française :

« Vous avez, Sire, dans vos armées, plus de trente mille serfs francs-comtois. Lorsque quelques-uns d'entre eux parviennent, par leur mérite, au grade d'officier, et qu'après avoir obtenu leur retraite avec une pension, au lieu de retourner avec leur père et leurs neveux dans la hutte où ils sont nés, ils vont habiter dans leur village une maison plus commode, ils ne pourront en mourant disposer ni de leur mobilier, ni des petites épargnes qu'ils auront pu faire sur leur pension : tout le pécule appartiendra au seigneur après leur mort. »

X

Les usurpations des moines et chanoines.

Si les électeurs, au nom desquels des légistes écrivent cette lamentation raisonnée des serfs du Mont-Jura, n'étaient retenus dans l'expression de leurs sentiments, ils ne se contenteraient pas, après avoir exposé les énormités de la Coutume franc-comtoise, aggravées encore par la jurisprudence, d'exprimer très brièvement une juste indignation contre le parlement de Besançon, qui a mis le comble à son hostilité séculaire vis-à-vis des mainmortables en opposant des remontrances à l'édit d'août 1779; contre la magistrature, la noblesse et le clergé qui, aux récents états de Franche-Comté, ont toujours — est-il écrit dans le *Cahier* avec une ironie amère — « protégé le Tiers état ! »

Le cri qui s'échappe du cœur de ces malheureux au moment où, à leur place, devant eux qui ne le sauraient faire, quelque petit notaire de campagne, comme leur délégué Prost, rédige leurs doléances très humbles, est rhétoriquement exprimé par une citation de Loyseau. C'est le vieil auteur du traité *des Seigneuries* qui, aux lieu et place des victimes des seigneurs, résume le régime féodal, inventé « par force et par usurpation », fixé « par fraude et confusion », en ces deux maximes « qui ne laissent aucun pouvoir à la raison ni à la justice : *qui tenet teneat ! vis est jus !* » — La force prime le droit !

Nous avons entendu, en plein XIXᵉ siècle, retentir à nos oreilles ce dernier mot de la féodalité.

Les rédacteurs du cahier des mainmortables insistent beaucoup sur l'autorité qu'a le roi de France de réformer des abus qui datent de l'époque où la Franche-Comté subissait la domination espagnole. Comme s'ils ne pouvaient croire encore que tout pût être aboli des iniquités qu'ils ont constatées, ils présentent sept corrections à la Coutume ; d'après la méthode des Boncerf, des Le Trosne, des Turgot et des Necker, ils exposent les avantages que présenterait l'affranchissement pour les chanoines eux-mêmes, conservant les lods et les dîmes.

Depuis que, malgré l'intervention de Voltaire, ont été perdus les procès Christin, depuis que l'édit même du roi est resté lettre morte, on ne se fait plus d'illusion sur le flanc dévasté du Jura. On croit aux États généraux puisqu'on participe à leur formation; mais réussiront-ils ? Les chanoines sont si fins et les juges si mauvais!

Qu'au moins l'occasion de parler soit largement employée, et qu'on n'oublie rien de ce qui pourrait offrir à la bonne volonté royale les moyens les plus pratiques, non de réparer un passé exécrable, mais d'ouvrir un supportable avenir !

Les serfs ne comprennent pas très bien peut-être les détails dans lesquels les rédacteurs de leurs supplications veulent entrer. Mais ils les laissent écrire, et il leur plaît que leur cause, depuis vingt ans perdue sans cesse au parlement bisontin, soit présentée entière, en leur nom, par devant « l'auguste assemblée de la nation française. »

Le notaire Prost et l'avocat Christin ne manquent donc pas de reprendre à fond, dans le *Cahier* officiel, la thèse voltairienne des faux titres.

Un affranchissement de 1519, y raconte-t-on, et plus de cinquante autres conservés dans les registres de l'hôtel-de-ville de Saint-Claude prouvent que, de l'aveu des moines eux-mêmes, la mainmorte n'a pas été imposée par suite de concession de terres, mais par « droit des gens », comme si les mainmortables avaient été « pris à la guerre ou achetés par des pirates ». Divers documents, du v° au xiv° siècle, 'un qui émane du fondateur même de l'abbaye, saint Lupicin, l'autre d'un père Guillaume, abbé de Saint-Oyan, sont cités pour prouver que toutes les terres de Franche-Comté étaient considérées comme libres de droit, et que les premiers moines, ayant à attirer les colons sur leur domaine, empêchaient les seigneurs séculiers d'introduire la mainmorte dans la région, toute de franc-alleu. L'histoire de l'institution, du maintien et de l'aggravation de la servitude au Mont-Jura est racontée dans le *Cahier* de la façon à la fois la plus érudite et la plus simple.

« Le monastère qui fut d'abord appelé *Condat*, ensuite *Saint-Oyan*, enfin *Saint-Claude*, reconnaît pour ses premiers abbés saint Romain et saint Lupicin, qui vivaient sous Chilpéric, père de sainte Clotilde. Ces premiers solitaires du Jura vivaient du travail de leurs mains; ils faisaient des paniers d'osier, des chaises, etc. Chilpéric leur avait offert des champs et des vignes. — «Nous ne pouvons les accepter, lui répon-
» dirent-ils, des propriétés ne sont pas faites pour
» nous »(1).

» Ces premiers abbés et saint Oyan, leur successeur, furent canonisés dans le VIIe et le VIIIe siècles. Des légendes parurent qui attribuèrent à leurs ossements le don de guérir les malades et de chasser le diable des corps des possédés. Le bruit de ces miracles les mit en réputation, ils attiraient nombre d'étrangers à

---

(1) Grégoire de Tours, *De vita patrum*, c. 1.

leurs tombeaux et procuraient au monastère d'abondantes aumônes.

» Ainsi les moines acquirent insensiblement des richesses. Les successeurs de Lupicin ne dédaignèrent pas, comme lui, les biens de la terre : ils ne tardèrent pas à aspirer à la seigneurie, à la souveraineté même du Jura.

» Dans cette vue ils fabriquèrent, au xiie siècle, une chronique en prose rimée, où ils supposèrent que l'empereur Gratien avait fait donation de tout le Jura à Romain et à Lupicin (1). L'auteur de cette chronique savait fort mal la chronologie. Il fait contemporains de Gratien, mort en 383, le pape saint Léon, qui ne monta sur le trône pontifical qu'en 440, et saints Romain et Lupicin, qui, suivant Grégoire de Tours et Mabillon (2), vivaient sous Chilpéric, lequel ne commença à régner en Bourgogne qu'en 463.

» Ils fabriquèrent encore d'autres titres dont la fausseté a été si clairement prouvée dans une dissertation consacrée à la défense des suppliants en 1772, qu'elle est restée sans réponse. »

Il s'agit d'une *Dissertation sur l'établissement de l'abbaye de Saint-Claude*, œuvre de Christin, dont le rappel au *Cahier*, sans citation, prouve suffisamment la part très importante que prit l'avocat-maire de Saint-

---

(1) *Annales bénédictines*, t. I, 677.
(2) *Annales bénédictines*, I, 223.

Claude à la rédaction de ce document. Le récit que nous reproduisons n'est d'ailleurs que l'abrégé de cette *Dissertation*.

« A la faveur de ces faux titres, les moines s'attribuèrent, non seulement la seigneurie mais encore la souveraineté du pays. Ils faisaient battre monnaie à leur coin, anoblissaient les roturiers, légitimaient les bâtards et donnaient grâce aux criminels. Les nobles étaient jugés en première instance par leur frère chambellan, les roturiers par leur frère cellerier. De ces deux moines on appelait à un autre, commis par l'abbé, et de celui-ci à l'abbé qui prononçait en dernier ressort. Ils jugeaient les affaires dans lesquelles ils étaient partie, comme celles qui ne concernaient que leurs sujets.

» En 1436, le duc et comte de Bourgogne, Philippe le Bon, les fit entrer dans son obéissance, leur retrancha le droit de battre monnaie et permit à leurs sujets d'appeler à son Parlement.

» Cette Cour n'était pas alors sédentaire comme elle le devint en 1508. Tous les quatre ans, quelquefois après un long intervalle, elle s'assemblait pendant trois mois. En sorte que le recours au Parlement était difficilement praticable, les sentences de nos moines furent encore exécutées, longtemps après les lettres patentes de 1436, comme jugements en dernier ressort.

» Les moines, revêtus de ce pouvoir, assujettirent insensiblement quelques familles à la servitude, et, lorsqu'ils eurent un certain nombre de serfs, ils prétendirent que tous devaient l'être. »

Ici les narrateurs s'interrompent pour distinguer de ces moines les chanoines sécularisés en 1742, l'abbé étant élevé à la dignité d'évêque. On n'accuse pas les successeurs des fautes de leurs devanciers, mais on estime « qu'ils ne doivent pas en profiter. »

On rappelle que la franchise originelle de la Franche-Comté et les fraudes monacales ont été découvertes en 1769, et l'on résume les procès suivis depuis lors jusqu'en 1777.

Si, dit-on, après avoir cité l'arrêt du 20 décembre de cette dernière année, « la cause était renvoyée à un tribunal impartial pour y être discutée de nouveau, elle recevrait certainement une décision bien différente. Mais (les habitants du Mont-Jura) espèrent qu'ils ne seront pas exceptés de l'affranchissement général, que toutes les communes de Franche-Comté ont supplié Sa Majesté d'accorder aux serfs qui restent encore dans le royaume. Ils ont prouvé, et par les titres dont ils ont rendu compte et par les propres aveux des devanciers du chapitre de Saint-Claude, qu'ils ont été soumis à la servitude contre le droit naturel, qu'elle n'a point été parmi eux une condition de cession de terres, et qu'ainsi la liberté de leurs personnes et de leurs biens doit leur être rendue gratuitement. »

XI

Les droits sans titres ou sur titres faux.

La très grave question de l'absence ou de la falsification des titres servant de bases aux droits féodaux n'est pas particulière aux serfs du Mont-Jura en procès avec les moines de Saint-Oyan ou les chanoines de Saint-Claude. On la retrouve aussi nettement posée dans une foule de cahiers primitifs des diverses régions, — surtout dans les pays où les vilains avaient pour seigneurs des ecclésiastiques. — Elle est rappelée dans beaucoup de cahiers réduits et définitifs des bailliages et sénéchaussées.

Par exemple, le Cahier général du tiers état de Dôle contient cet article : « Tous les droits seigneuriaux qui ne sont pas établis sur titres valables ou sur la possession centenaire seront abolis. »

Le tiers état de Troyes entend que tous les droits soient sujets à prescription, faute de titre ou de reconnaissance depuis trente ans quant aux laïques, quarante ans quant au clergé ; qu'aucun droit ne soit exigible sans justification de titre primordial et que tous soient rachetables au taux fixé par les États généraux. Il fait remarquer, en outre (art. 117), que « toutes les contestations relatives aux droits seigneuriaux sont jugées par des magistrats propriétaires de fiefs. »

En lutte séculaire avec son seigneur, — qui est nommé député d'Alsace par la noblesse de Belfort et Huningue, — les habitants de Montjoye-Vaufray adressent à Necker, avant et après l'ouverture des États, deux mémoires revêtus d'une centaine de signatures (1).

Ce seigneur, écrivent ses vassaux, « voudrait tout envahir parce qu'il se dit maître de tout... Voici ce qu'il avance pour nous le prouver :

« Vos personnes, vos femmes, vos enfants apparte-
» naient à mes ancêtres ; ils avaient droit de vie et de
» mort sur vous ; par conséquent vos biens, qui ne sont
» qu'un accessoire de la personne, leur appartenaient;
» mais les lois de douceur que prescrit le christianisme
» ayant empêché le droit de vie et de mort n'ont point
» empêché l'exercice de ce qui n'était qu'accessoire. »

« Ce sont les raisons exprimées dans une signification

---

(1) Archives nationales, manuscrits B III, 28.

qu'il a faite aux différentes communautés de sa seigneurie dans le temps qu'on donnait suite au procès que ses sujets ont avec lui. »

Les requérants, après avoir supplié le roi de « jeter un regard de compassion sur eux, » comptent sur les États généraux pour « que leur seigneur soit circonscrit dans les bornes fixes et immuables, et *enfin obligé d'exhiber les titres qu'on lui demande depuis si longtemps et qu'aucun moyen n'a pu lui faire produire.* »

Les paysans d'Ansouis (sénéchaussée d'Aix) (1), racontent :

« La terre d'Ansouis était possédée en franc-alleu. Les seigneurs n'avaient point de banalité de moulins et fours ; mais, pour se la procurer, ils s'emparèrent d'un coffre, en 1548, où étaient déposés les titres de la communauté, le brisèrent, *en enlevèrent lesdits titres et documents*, et firent ensuite démolir pendant la nuit deux moulins appartenant aux particuliers, situés à l'Escaillon et l'autre dit au moulin de Fureau. La communauté, ainsi dépouillée de ses titres et ayant, d'ailleurs, dans ce temps-là, des administrateurs faibles ou traîtres à leur patrie, se soumit à la banalité et autres servitudes qui tiennent encore à l'ancienne servitude. »

Dans le cahier du village de Cabris (2), on lit une protestation véhémente contre une inféodation

---

(1) Dans un cahier que donnent les *Archives parlementaires*, t. VI.

(2) Collection manuscrite des Archives nationales, B III 67.

de 1196, « dont il n'existe aucun acte original, mais seulement un extrait enregistré chez un notaire, dont rien ne prouve l'authenticité. »

Les doléances du bourg de Beuvry, bailliage de Douai (1), fournissent le récit d'un procès, remontant au xve siècle, entre l'abbaye de Marchiennes et ses sujets :

L'abbaye avait été déboutée, en 1441, de sa prétention à la mainmorte ; elle réussit à l'imposer de nouveau en 1515. En 1699, les serfs s'inscrivent en faux contre des dénombrements produits par les religieux, et obtiennent, en 1708, un jugement de la gouvernance de Douai. Mais l'exécution en est retardée par d'infinies procédures, et les pièces établissant les droits des cultivateurs *disparaissent de l'église* où elles étaient déposées. Dès lors, « la communauté étant dépourvue de titres, l'abbaye a fait tout ce qu'elle a voulu. »

Dans un mémoire des habitants de Flavigny en Lorraine (2) expédié plusieurs semaines après les élections, on lit :

« Votre Grandeur (le contrôleur général) aura peine à croire qu'une portion des sujets de Sa Majesté soit l'objet de l'animosité et de la vengeance des moines bénédictins, leurs seigneurs, pour avoir osé obéir aux ordres du meilleur des rois ; ils déposent dans son sein paternel l'oppression et les surcharges sous lesquelles ils gémissent.

(1) T. III des *Archives parlementaires*.
(2) Manuscrits des Archives nationales, B. III, 93.

« Depuis qu'ils ont travaillé à la rédaction de leur cahier de doléances, ils ont été étonnés que, sans respect de l'autorité suprême, ces mêmes bénédictins aient inhumainement, et sans égard à la cherté des vivres, fait exécuter ceux de leurs vassaux en retard à défaut des moyens de payer les redevances seigneuriales, dans la vue sans doute de les intimider et de les empêcher de se plaindre. Mais, certains de la protection royale, ils ont tout bravé... Ils savent par expérience ce dont leurs religieux seigneurs sont capables pour écarter la connaissance de leur conduite tyrannique envers eux... Les habitants infortunés de Flavigny, pour éviter *les pièges que leurs seigneurs leur ont tendus de tout temps...* sont conseillés d'adresser à Votre Grandeur, ange tutélaire de la France et protecteur des malheureux, un extrait de leurs doléances contenant uniquement leurs réclamations contre *les usurpations et la dureté de leurs seigneurs religieux....* »

Par ces extraits, qu'il est inutile de multiplier, on voit combien était suspecte et exécrée dans les campagnes la domination des seigneurs, surtout quand les seigneurs étaient ecclésiastiques. Ce qu'a très bien compris Tocqueville (1). Ce qui n'a pas assez frappé M. H. Taine (2), n'accusant que le peuple et les révolutionnaires d'exaspérations poussées jusqu'à la jac-

---

(1) *L'ancien régime et la révolution*, ch. Ier du liv. II, et p. 360-361 des éclaircissements.
(2) Les *Origines de la France contemporaine*.

querie. Comme si les vrais coupables n'étaient pas les seigneurs mêmes qui avaient opprimé, humilié et fraudé les paysans durant tant de siècles, et l'Église qui, pouvant depuis mille ans les émanciper et les instruire, avait exploité leur esclavage, entretenu leur ignorance, conservé la sauvagerie superstitieuse en haine de la civilisation sceptique!

XII

Conclusions du cahier des serfs.

Achevons l'analyse des très humbles — et très calmes — *doléances des habitants du Mont-Jura!*

Une dernière observation y est faite sur le taux auquel se paient, dans la montagne serve, les impositions royales, et un dernier argument en est tiré pour que l'affranchissement général soit obtenu sans indemnité.

Autrefois, les mainmortables, explique-t-on, ne payaient la taille qu'aux seigneurs. Certaines communautés la leur paient encore; d'autres s'en sont rédimées à prix d'argent. La taille seigneuriale, d'après les lettres patentes des ducs, de 1436 à 1489, devait exempter de l'impôt envers le souverain. Néanmoins, en 1537 et 1546, les abbés de Saint-Claude obtinrent du parlement de Besançon que leurs sujets participassent avec eux au paiement des contributions levées sur la province. Par transaction, en 1552-1555, les moines s'obligeaient à payer le cinquième. Mais depuis 1674, époque de la réunion de la Franche-Comté à la France, la totalité des impôts du bailliage de Saint-Claude a été rejetée sur les habitants; la noblesse et le clergé ont réussi à s'en exempter complètement.

Le bailliage, calculent les auteurs du *Cahier*, « paie aujourd'hui en impositions directes 136,000 livres. En réduisant cette taxe à 100,000 livres par année commune, de 1676 à 1788, les habitants du Jura ont payé, pendant cent douze années, 11,200,000 livres; le cinquième, qui devait être supporté par l'abbé et les religieux et leurs successeurs, est de 2,200,000 livres, somme qui surpasse la valeur de toutes les terres du Jura et qui, au besoin, indemniserait au centuple l'évêque et le Chapitre de l'affranchissement de la mainmorte. »

Ayant ainsi laissé leurs lettrés, leurs juristes, exposer leur cause dans tous ses détails, les serfs électeurs terminent leur mémorable *Cahier* par une prière touchante et par un mot superbe :

« Votre Majesté, voyant au milieu de l'auguste Assemblée qu'elle va présider combien nous avons été vexés, à quel code barbare nous avons été soumis, comme les moines ont violé tous les traités qu'ils ont conclus avec nos pères, daignera nous accorder quelque pitié, et nous délivrer enfin de cette longue et cruelle oppression.

« Elle daignera considérer que des ecclésiastiques ne doivent pas traiter des hommes, leurs frères, comme des animaux de service, nés pour porter leurs fardeaux ; que l'Église, dont la première institution est d'imiter son législateur, humble et pauvre, ne doit pas s'engraisser du fruit des travaux des hommes *et qu'enfin c'est justice que nous demandons.* »

XIII

Les élections du bailliage d'Aval.

A Lons-le-Saulnier, le 6 avril 1789, se tint l'Assemblée générale des trois Ordres du bailliage d'Aval, comprenant les délégués des bailliages secondaires d'Orgelet, Poligny, Pontarlier et Saint-Claude.

Christin-Voltaire, le notaire Prost et leurs trois compagnons mainmortables, Pierre-Étienne Delacroix, de Morez, François-Pierre Mayer, de Morbier, et Jean-Louis Bajet, des Rousses, déposèrent sur le bureau *les très humbles et très respectueuses doléances des habitants du Mont-Jura.* Ils en réclamèrent la lecture qui souleva l'enthousiasme du tiers état, l'indignation d'une partie de la noblesse, et força le clergé à rougir de son inhumanité.

M⁕ de Lezai-Marnesia, seigneur pour un douzième

de la terre mainmortable de Grandvaux, s'empresse de déclarer qu'il consent à l'affranchissement gratuit de ses vassaux. Des applaudissements éclatent; ils redoublent lorsque l'on voit Jean-Baptiste de Chabot, évêque de Saint-Claude, se lever et demander la parole.

« Les terres de mon évêché encore indivises avec mon chapitre, sont, dit-il, affligées du fléau de la mainmorte. J'ai souvent regretté de ne pouvoir le détruire; mais j'unis mes supplications à celles que mes vassaux adressent à Sa Majesté pour qu'il lui plaise d'affranchir *gratuitement* leurs personnes et leurs biens; espérant de la justice et de la bonté du meilleur des rois qu'il daignera *dédommager mon siège et mon chapitre par l'union de quelques bénéfices.* » La déclaration est insérée au procès-verbal et l'on y ajoute ce préambule : « La mainmorte est mise avec raison au nombre des abus qui pèsent le plus sur les utiles et estimables habitants des campagnes. »

Le document ayant été aussitôt expédié au ministère, Necker, dès le 15 avril, en accusa réception en ces termes : « Il me sera fort agréable, Monseigneur, de reprendre avec vous l'affaire de l'affranchissement des serfs du Mont-Jura, qui ne me paraît pouvoir être traitée avec quelque suite qu'*après* l'Assemblée des États généraux (1). »

Après ? comme si les États généraux de 1789 n'ar-

---

(1) Archives nationales, manuscrits BIII, registre 18, f° 804.

rivaient pas avec les pleins pouvoirs de la nation pour tout réformer par eux-mêmes! comme s'ils devaient se laisser congédier dès qu'ils auraient accordé les subsides indispensables pour sauver la monarchie de la banqueroute, et, très humblement, selon l'ancienne mode, remettre au bon plaisir royal la réalisation des volontés de la France!

Si fortes étaient les haines et les suspicions qu'inspirait le chapitre de Saint-Claude au sein même du clergé, que les curés, en majorité, empêchèrent l'évêque de devenir député et nommèrent deux d'entre eux, celui d'Arbois et celui du village de Mouthe, situé dans la montagne mainmortable. — Le marquis de Lezai-Marnesia eût obtenu la première nomination dans son Ordre; mais il se démit au moment du vote, de peur d'avoir l'air de profiter de la popularité due à son abandon de la mainmorte, un peu tardif cependant, car il aurait pu et dû le faire dès 1779. — Quant à l'avocat Christin, principal défenseur des serfs, il fut élu député du tiers état, quatrième, les bourgeois des villes ayant fait passer avant lui deux de ses confrères de Lons-le-Saulnier et d'Orgelet, ainsi que le lieutenant général de Poligny (1).

Il nous reste à relever les derniers vestiges de la

---

(1) La simple reproduction des cahiers réduits du bailliage d'Aval donnée dans les *Archives parlementaires*, 1re série t. II, p. 137-147, ne donne aucune idée du mouvement électoral que nous venons de décrire d'après les procès-verbaux authentiques.

O.

mainmorte hors du Mont-Jura, à montrer combien l'horreur du servage envenima l'abandon plus ou moins volontaire des privilèges, et comment, le régime féodal extirpé, sur la base de l'égalité démocratique, se fonda la propriété libre.

TROISIÈME PARTIE

LA NUIT DU 4 AOUT 1789

I

Le servage et les cahiers de Franche-Comté.

Le cahier réduit du tiers état du bailliage d'Aval (Lons-le-Saulnier) devient, sous l'influence des délégués des villes, d'une timidité extraordinaire sur les questions qui touchent à « la propriété » des seigneurs. On y inscrit simplement : « Sera éteinte dans toute l'étendue du royaume la mainmorte *personnelle*, sera aussi aboli l'esclavage des nègres dans les colonies » (1).

Au bailliage d'Amont (Vesoul), le tiers état dit:

(1) *Archives parlementaires*, 1re série, t. II, p. 143.

« La mainmorte personnelle sera aussi abolie dans tout le royaume, même la *réelle*, dans les terres des communautés et corps *ecclésiastiques*, de tous les bénéfices séculiers et réguliers, même de l'ordre de Malte, *sans indemnité*. La mainmorte *réelle* des seigneurs laïques, soit générale, soit particulière, les droits seigneuriaux, tels que lods, consentement, retenue, banalité de fours, moulins, pressoirs, ou toute autre banalité, cens, taille, poules, corvées, banvin, cressonnage, éminage et autres redevances et prestations seigneuriales, de quelque nature et espèce qu'elles puissent être, *dues tant aux seigneurs laïques qu'ecclésiastiques, et constatées par titres justes et géminés*, — sauf les droits de justice, chasse et pêche, — pourront être rachetés par les débiteurs résidants et forains, soit en corps de communauté, soit particulièrement à raison du denier vingt de l'estimation de ceux desdits droits qui en seront susceptibles, depuis les vingt dernières années. »

Le roi est en même temps prié de ne percevoir sur les ecclésiastiques aucune taxe d'amortissement et de n'exiger aucune formalité pour le rachat de leurs droits seigneuriaux. On demande aussi que les droits non mentionnés précédemment, « insolites et abusifs, tels que celui d'interdire aide aux quatre cas accoutumés, de guet et garde, de réparation de châteaux forts, etc., de nécessité de résider sous peine de commise, etc., » soient, abonnés ou non, supprimés sans indemnité. On prend le soin de fixer le mode d'affranchissement et de rachat par les communautés : tous les détenteurs de fonds assemblés ; la délibération « arrêtée par la réunion des suffrages de ceux qui paient au-dessus de la moitié des impositions locales (1). »

Dans le bailliage du Milieu, à Dôle, les communes se montrent plus audacieuses, et leur cahier général contient ces deux articles très clairs :

« I. Toute mainmorte *personnelle*, ainsi que tous droits serviles en résultant, seront supprimés ; la mainmorte *réelle* le sera pareillement, *sans aucune indemnité envers les ecclésiastiques*, et, au regard des laïques, avec indemnité, à régler par les États généraux, *s'il y a lieu*.

« II. Tous les droits ayant pour objet des *services* personnels ou réels envers les seigneurs, curés et tous autres, *dont la cause ne subsiste plus*, seront supprimés ainsi que les redevances représentatives de ces droits » (2).

A Besançon, les bourgeois expriment en ces termes les vœux des villages :

« I. Il sera incessamment procédé à la confection d'un code rural qui réglera l'exercice des droits seigneuriaux, la forme dans laquelle les délits doivent être constatés, et une juste proportion entre les amendes et les délits de toute espèce.

---

(1) *Arch. parlementaires*, t. I, p. 768.
(2) *Ibid.* t. III, p. 160.

« II. La mainmorte réelle et personnelle sera abolie dans toute l'étendue du royaume ». (1).

La noblesse assemblée au chef-lieu de la Franche-Comté est réactionnaire, au point de revendiquer les privilèges provinciaux avant la Constitution nationale, et d'exiger que la religion catholique soit maintenue « dominante, sans que le culte d'aucune secte puisse être autorisé. » Elle entend que soient garantis (art. 5) « tous droits et propriétés des ordres et des citoyens, » et vaguement émet le vœu (art. 32) « que la liberté des personnes soit assurée ». Il lui faut « l'intégrité de l'ancienne constitution monarchique » et, comme « en faisant partie », trois Ordres, trois Chambres, trois voix aux États généraux. — « Quant à la renonciation aux droits des fiefs, » ajoute-t-elle, « cet objet tenant essentiellement à la propriété, intéressant également tous les ordres et chaque individu, elle ne peut que s'en rapporter à ce qui sera décidé aux États généraux relativement aux provinces où les mêmes droits sont attachés aux fiefs ». (2).

Au moins les gentilshommes des bailliages de Dôle, Ornans et Quingey chargent-t-ils leur député de soutenir l'abolition de la mainmorte *personnelle* et, quant à la *réelle*, d'obtenir « une indemnité raisonnable, en s'opposant à toutes atteintes contre le droit de propriété ».

Les seigneurs de Vesoul, Baume et Gray gardent

---

(1) *Arch. parlementaires*, t. II, p. 337.
(2) *Ibid.* t. VI, p. 515.

le silence sur ce qui ne concerne que les vassaux.

Ceux de Lons-le-Saulnier, Pontarlier, Orgelet, Poligny et *Saint-Claude* proclament « la nation libre », la liberté pour tout Français de « vivre et demeurer où il lui plaira », la garantie du « droit sacré des propriétés »; ils ne disent mot de la mainmorte (1) !

Le clergé du bailliage d'Aval se contente d'insérer dans son cahier (art. 54): « Comme M. le marquis de Marnesia, Mgr l'évêque de Saint-Claude et MM. les chanoines de son chapitre noble ont renoncé à leur droit de mainmorte, et que ces derniers, selon que l'a annoncé M. de Poulmier, leur procureur fondé, n'ont jamais refusé *un abonnement* pour ôter tous les vestiges d'une *macule si odieuse*, droit de retour et tous autres droits y assimilés seront supprimés, la mainmorte réelle sera... *abonnée!* »

Le clergé d'Amont signale simplement la mainmorte en tête des « causes de la misère de la classe la plus indigente. »

Mais, dans le bailliage du Milieu, sous l'influence du curé d'Ornans, l'abbé Clerget, élu député, le cahier des ecclésiastiques contient ces deux articles :

« 31. La mainmorte *personnelle* sera supprimée dans toute la France ; l'édit concernant le droit de suite ne disant pas assez, on est obligé de quitter le meix mainmortable pour jouir de l'avantage de l'homme

---

(1) *Ibid.* t. III, p. 184; t. I, p. 763 ; t. II, p. 139.

franc : l'embarras est encore plus grand si le seigneur a généralité de mainmorte.

« 3º. La mainmorte *réelle* sera également supprimée moyennant *indemnité* qui sera au besoin fixée par les États généraux. »

A Besançon, le premier Ordre insère après coup cet article 46e bis :

« Que la mainmorte *personnelle* n'ait plus lieu dans aucune partie du royaume ! »

Il écrit, au conditionnel (art. 47):

« On pourrait détruire la mainmorte *réelle* sans blesser la loi sacrée de la propriété ; les bénéficiers et les corps ecclésiastiques affranchiraient leurs mainmortables moyennant le cens d'un sol par journal de terre sur les fonds qui composent leur seigneurie, et, si les seigneuries laïques n'adoptaient pas cette manière, elles pourraient se réserver des cens et des lods sur les fonds qui leur seraient échus et les vendre en franchise; *mais on laisserait toujours aux communautés la liberté de s'affranchir ou de* RESTER DANS LA CONDITION MAINMORTABLE » (1).

Ce dernier trait n'indique-t-il pas, chez une partie du clergé de la fin du XVIIIe siècle, l'espérance absurde de revoir ce pieux moyen âge, où des populations entières se donnaient à Dieu et aux saints, c'est-à-dire à l'Église et aux prêtres, « en franche aumône ? » Il ré-

(1) *Arch. parlementaires*, t. II, 157 ; I, 787 ; II, 333 ; III, 152.

pond, d'ailleurs, à quelques tentatives faites jusqu'à la veille de la Révolution dans le but de maintenir la servitude avec le consentement réitéré des serfs. Encore en 1787 (1), vingt-trois communautés de serfs déclaraient par-devant notaire « aimer le servage » et refuser de s'en affranchir au taux fixé par l'Édit royal de 1779.

(1) D'après un mémoire de Caumartin de Saint-Ange, analysé par Monteil, *Matériaux manuscrits*, t. I, p. 241.

II

Le servage en Bourgogne.

De la Franche-Comté passons aux autres provinces dans lesquelles restaient en vigueur des coutumes mainmortables ; suivons, dans leurs cahiers, l'œuvre préparatoire de l'affranchissement général.

En Bourgogne le tiers état des divers bailliages demande l'abolition de la mainmorte, tantôt sans distinguer, tantôt en distinguant la personnelle de la réelle, et alors il propose une indemnité pour le droit sur le fonds.

En annexe au cahier de Châlon-sur-Saône est insérée la « réclamation des habitants des cinquante-deux villages qui composent la châtellenie de Cusery, du domaine du roi. » Ceux-là mêmes se plaignent de ne pas jouir pleinement du bénéfice de l'Édit de 1779 ; ils signalent à éteindre « les droits représentatifs de la mainmorte connus sous le nom de taille, remaison, moisson, bovège, trousse de foin et autres », dont la redevance doit être évaluée au sou par arpent fixé en l'Édit (1).

Dans le cahier de Bourg-en-Bresse, que les trois Ordres ont rédigé en commun, sur trois colonnes, on lit (art. 20) : « Que les mainmortes *personnelles* soient abolies dans tout le royaume, ainsi qu'elles l'ont été dans les domaines du Roi, comme contraires à la liberté française. » Quant aux mainmortes *réelles*, le Tiers en exige le rachat d'après un taux à déterminer ; mais la noblesse n'y consent que si le taux est « convenu de gré à gré entre les parties » et si le rachat se fait par communauté (d'habitants) sans que les terriers puissent être morcelés. » Le clergé accepte, pourvu que les produits du rachat soient dispensés du droit d'amortissement (2).

En général, le clergé et la noblesse de Bourgogne s'abstiennent sur les droits féodaux et se retranchent derrière le principe sans cesse rappelé de « l'inviolabilité de toutes les propriétés » (3). Mais la question de la mainmorte est brûlante dans le bailliage de Charolles, où le paysan est si pauvre que le sou par arpent de l'Édit royal s'est trouvé « exorbitant » pour lui. Les gentilshommes du pays, pressés par le tiers état, demandent un « règlement pour le rachat de la mainmorte, qui

---

(1) V. *Archives parlementaires*, t. II, p. 612.
(2) *Ibid.*, II, 453.
(3) V. le mémoire d'Amelot cité par M. Taino, t. I, p. 25-35.

demeurera à jamais supprimée. » Leurs voisins de Mâcon admettent « qu'à l'égard de la mainmorte *personnelle* et du *droit de suite*, qui peut gêner la liberté personnelle du redevable, il soit permis à celui qui en est grevé de pouvoir s'en affranchir par une somme jugée équivalente » (1).

Le petit pays de Gex, — d'où Voltaire a lancé le mouvement libérateur, — demande, en son cahier du tiers état (2) : « qu'il soit permis aux habitants de se rédimer des cens, servis, banalités, mainmorte et autres droits seigneuriaux, avec indemnité aux seigneurs », plus, pour certaines paroisses, que soient abolies « les corvées personnelles exigées par le chapitre de Saint-Pierre d'Annecy, qui n'est pas seigneur direct et ne possède ni terre ni domicile dans le territoire. »

(1) *Archives parlementaires*, t. III, p. 621.
(2) *Ibid.*, t. III, p. 394.

III

Le servage en Alsace, en Lorraine et dans les Trois-Évêchés.

De l'autre côté du Jura, derrière les Vosges, en Alsace, le tiers état de Colmar et Schlestadt (art. 48-52) réclame l'extinction de toute mainmorte ou *todfall*, et des droits épiscopaux et seigneuriaux dont l'insupportable variété, s'ajoutant à l'impôt royal depuis l'annexion de la province au royaume, « réduit les habitants au désespoir et les pousse à émigrer. »

Les communes de Haguenau et Weissembourg relèvent les plaintes de la campagne contre les droits perçus par les seigneurs ecclésiastiques et laïques, les excès des prévôts, la mauvaise administration des biens communaux et des forêts, les corvées, etc.

A Belfort et Huningue, l'article 29 est consacré à l'abolition de « la servitude de la glèbe, de la mainmorte, du tiers-denier, du *thal* ou de la mortaillabilité, et des banalités. »

A la suite du cahier du tiers état on lit deux mémoires de la seigneurie de Montjoye-Vaufray, dont le comte vient d'être élu député par la noblesse de la circonscription. Nous avons précédemment résumé le premier (1).

Dans le second, les victimes de ce revenant du XIIIe siècle énumèrent les droits dont, sans titre, il accable ce pauvre petit pays de montagnes et de forêts, « au sol ingrat ne produisant que des ronces et des épines. » Les habitants, « réduits à la dernière extrémité, » ruinés jusqu'à la famine, « n'ayant pas de quoi s'acheter du blé pour leur subsistance, » et qui paient la dîme à la sixième gerbe, « appellent sur leur sort la commisération du roi et la justice des États généraux. » Notre seigneur, expliquent-ils, « s'empare de tout dans le cas de mort sans héritiers nécessaires... Il nous prétend encore mainmortables ; il exerce même ce droit avec tant d'humanité que le pauvre malheureux ne peut vendre (de ses terres) quoique réduit à l'indigence la plus digne de compassion. L'on y a vu des infirmes conduits par leurs concitoyens charitables de village en village pour demander l'aumône, qui possédaient ce-

---

(1) Voir ci-dessus, p. 143.

pendant des fonds dont la vente leur était interdite. »

Quoique la mainmorte ait été abolie en Lorraine par le dernier duc, on voit, par l'article 22 du cahier de Bouzonville-Tiers(1) qu'il en est subsisté jusqu'à 1789 des « restes qui font gémir les habitants dans une servitude humiliante ».

Il y avait dans les Vosges des villages dont tous les habitants étaient mainmortables et où le curé, seigneur par sa cure même, héritait de ceux de ses paroissiens qui ne laissaient point d'enfants légitimes (2).

Le cahier de Mirecourt, s'élevant contre « les droits flétrissants de servitude » et celui de Rozières, où les trois Ordres délibérant en commun prononcent la suppression de la « mainmorte mobilière et immobilière », achèvent de prouver que l'exemple d'un Stanislas n'avait pas trouvé plus d'imitateurs que celui d'un Louis XVI (3).

La féodalité la plus lourde n'avait pas cessé de sévir dans les Trois-Evêchés, Metz, Toul et Verdun, sous les évêques, comtes du Saint-Empire.

« Les cultivateurs et manœuvres du pays toulois, lisons-nous dans le cahier général du tiers état (4), sont accablés également de l'exorbitance des droits seigneu-

(1) *Archives parlementaires*, V, p. 703.
(2) L'abbé Mathieu, *l'Ancien régime en Lorraine-et-Barrois*, 1 vol. in-8º, 1870, p. 139.
(3) *Archives parlement.*, t. IV, p. 6 pour Mirecourt, la collection manuscrite des cahiers pour Rozières.
(4) *Ibid.*, t. IV, p. 8-16.

riaux et de l'impossibilité de payer les subsides. Un calcul (que notre député mettra sous les yeux de la nation) démontre que ces respectables et laborieux cultivateurs, après avoir payé la dîme, les redevances et l'impôt, ne tirent presque rien de cette terre que leurs sueurs arrosent et rendent fertile pour d'autres... qui sont privilégiés et ne payent à l'État que ce qu'ils veulent... Le roi peut donner l'exemple, sans doute il doit donner la loi (du rachat en argent), car ces droits abusifs conservent les vestiges de la servitude qu'il a voulu détruire. Ils nuisent à l'agriculture, ils la flétrissent et ils l'écrasent. Des droits régaliens, extorqués avant la réunion à la couronne, continuent à être perçus depuis que le roi est devenu, par le traité de Munster, le seul législateur et le seul maître de la souveraineté. Les tribunaux, qui auraient dû venir au secours des sujets du prince, ont cédé autrefois à un esprit de complaisance et de religion, et les ont fait passer en chose jugée. Aujourd'hui donc il n'y a que la réclamation et l'indignation universelles qui puissent renverser et proscrire ces attentats contre le peuple. Mais, sans les proscrire, on peut les évaluer en argent, les modérer, les restreindre dans leurs limites naturelles. Le peuple ne demande rien que de juste. Mais si l'on ne veut pas lui rendre justice, du moins qu'on lui fasse grâce ! »

Les mêmes « évêchois » dans un autre article (4 du ch. V) dénoncent les excès particuliers à la féodalité cléricale : « Quant aux droits seigneuriaux et de justice appartenant aux bénéfices, dans lesquels l'article 49 de l'Édit de 1695 maintient les ecclésiastiques, quand même ils ne rapporteraient que des titres et preuves en possession, il sera dit qu'un tel article est un abus, et les seigneurs ecclésiastiques seront ramenés par le vœu national au droit commun qui soumet les seigneurs laïcs à l'obligation de justifier, par titres valables, de l'origine et de la cause des droits seigneuriaux exorbitants, sans que la possession puisse légitimer ces redevances, dont quelques-unes même sont peu dignes des ministres de l'Evangile qui les exigent. »

IV

Le servage dans les provinces du nord et en Champagne.

Si de la Lorraine nous remontons vers le Hainaut, l'Artois, la Flandre française, nous voyons la mainmorte sous son nom propre et sous celui de *meilleur cattel*, — l'équivalent du droit de *chef-d'hôtel* (1), — produire, dans les assemblées électorales, une émotion presque égale à celle de la Franche-Comté.

Le clergé qui, là aussi, possède le plus de ces « beaux droits », est rendu incapable de les soutenir. C'est pourquoi, dans la partie de territoire où les seigneurs laïques ont eux-mêmes gardé des mainmortables, à Avesne (2), il insère dans son cahier : « Plaise à la noblesse de renoncer à la mainmorte ! » Lui, il y renoncera après !

---

(1) Dont nous avons parlé p. 120.
(2) *Archives parlementaires*, t. II, p. 143 et 150.

Le tiers état de ce même bailliage réclame « la suppression absolue d'un droit odieux et de tous ces actes honteux de l'ancienne servitude, dont l'honneur de l'humanité exige qu'on perde jusqu'au souvenir » (1).

Les cahiers ruraux annexés à ceux de la « gouvernance de Douai » et de la ville de Valenciennes (2) sont remplis de récriminations contre l'abbaye de Marchiennes, qui domine très durement des centaines de villages. Les gens de Marchiennes même nient la validité des titres de leurs seigneurs, en réclament la production et le dépôt authentique. Aussi les gens de Donnain, qui de plus requièrent le retrait aux ecclésiastiques de la jouissance des biens communaux, leur occupation eût-elle été en apparence légitimée par « actes de mayeurs et échevins, dépendants de l'abbaye. » Ces « manants » entendent que nul désormais « ne puisse enlever ses possessions au cultivateur payant bien », et que les États généraux suppriment radicalement « les droits dont jouissent les seigneurs depuis que leurs prédécesseurs étaient dans l'esclavage. »

En Champagne, le tiers état de Troyes consacre un long chapitre de son cahier définitif à la noblesse et aux droits seigneuriaux : Que nul droit ne soit exigible « sans titre primordial ou autre recognitif; » que tous les droits soient « prescriptibles par trente et quarante

---

(1) *Arch. parl.*, t. VI, p. 105 et 721.
(2) Dans la collection manuscrite des Archives nationales.

ans »; que tous deviennent rachetables au taux fixé par les États généraux (1) !

Contre le *congé* en particulier sont produits de longs mémoires des villages, concluant au rachat total des droits asservissants, « en cas de titre justificatif et sur terrier fait aux frais du seigneur, au denier trente » (2).

Quelque modérée que soit la forme de ces vœux, le fond exaspère les Ordres privilégiés. La noblesse, à Troyes, à Bar-sur-Seine, etc., proteste contre le rachat forcé ; elle veut que « les articles de la coutume qui établissent et assurent les droits des seigneurs soient confirmés. »

Le clergé de Chaumont-en-Bassigny, après avoir déclaré « toutes les propriétés sacrées », admet « le rachat au taux du produit » de toutes les servitudes réelles et personnelles. Vite éclate une « protestation des abbés, des prieurs commendataires, des chapitres de l'église cathédrale de Langres et des collégiales, du clergé régulier et des communautés religieuses du ressort » contre cet article du cahier et contre « tous les autres qui touchent au bien du peuple parce qu'ils sont contraires au droit de propriété qui doit être inviolable » (3).

En cette contrée, très-nombreuses étaient les terres où, comme dans la baronnie de Choiseul (4), les ha-

---

(1) *Archives parlementaires*, VI, 80.
(2) D'après les annexes de la collection manuscrite.
(3) *Procès-verbal des Trois États de Chaumont*, 1784, in-8° de 200 pages.
(4) Dont parle M. Taine, I, 30-31.

bitants étaient tenus à labourer les terres du seigneur, à semer et moissonner pour son compte, à amener les récoltes dans ses granges; chaque pièce de terre, chaque maison, chaque tête de bétail payait une redevance; les enfants ne succédaient aux parents qu'à condition de demeurer avec eux, et le seigneur héritait à leur place s'ils se trouvaient absents à l'époque du décès paternel.

Le cahier général du tiers état de Chaumont est très vigoureux quoique très bref en ses articles antiféodaux. On y requiert le rachat des banalités et de tous droits onciers « à prix d'argent et non autrement »; à la suppression des servitudes personnelles, sans parler 'indemnité, on joint celle de franc-fief, c'est-à-dire de la nobilité des terres que l'on veut égales et libres comme les hommes.

A Vitry-le-Français (1), le clergé émet l'avis (art. 42) « que les États généraux examinent si l'on pourrait, sans élever le titre de propriété, autoriser les gens de la campagne à racheter les corvées seigneuriales et les servitudes personnelles, fondées sur des titres, au moyen d'une prestation en argent, et supprimer celles qui ne sont appuyées sur aucun titre. »

Dans l'assemblée du tiers état, une division des plus caractéristiques se manifeste quant aux droits féodaux, entre le bailliage principal et les bailliages se-

(1) *Archives partem.*, VI, 206, 211, 239.

condaires. Sainte-Menehould et la majorité font passer que l'Assemblée nationale « ordonnera la suppression des banalités, corvées seigneuriales, et tous droits qui gênent la liberté et qui n'ont d'autres principes que dans les anciens vestiges de la barbarie et de l'esclavage ; fera une loi qui autorise chaque citoyen à se rédimer d'un cens, d'une charge personnelle quelconque, comme contraire au droit naturel; le remboursement en sera arrêté sur le pied du denier trente de la valeur desdits objets, lors du remboursement qui sera fixé à la volonté du débiteur. » Vitry-le-Français et la minorité n'admettent pas cela quant aux redevances *réelles;* on demande seulement « le rachat des redevances *personnelles* au denier vingt-cinq. » Fismes « fait toutes réserves », attendu que ces redevances sont « patrimoniales ». La ville de Fismes, encore en 1789, exerçait la seigneurie, jusqu'à la mainmorte inclusivement, selon la Coutume de Vitry, sur ses terres communales.

On voit par cet exemple jusqu'où pouvait aller l'anarchie féodale, militairement détruite et civilement conservée par la monarchie absolue. — Il n'était pas besoin, comme l'explique Championnière (1) d'être engagé dans les liens du fief pour posséder des serfs. Il y avait des esclaves possédés par des hommes qui n'étaient ni vassaux ni censitaires. Les serfs eux-mêmes

(1) *Traité des eaux courantes*, n° 141.

pouvaient être propriétaires de serfs et disposer de leurs semblables comme de leurs bestiaux !

A la suite du cahier réduit de Vitry-le-Français, se trouve un cahier primitif de Wassigny (1), qui est des plus remarquables.

Les habitants de ce bourg de deux cent dix feux, situé sur les frontières de la Champagne, commencent par exprimer leur reconnaissance envers Louis XVI « de ce qu'il a bien voulu réunir les peuples de tous états de son empire pour aviser aux moyens de les rendre heureux, soutenir la gloire et l'honneur du trône et de la nation, et satisfaire à ses charges. » La communauté et chacun de ses membres assurent le roi « de leur zèle, de leur amour à le servir de leurs corps et de leurs biens, sans réserve. » Puis, reconnaissant que « leurs biens venant de l'État, rien n'est plus naturel de contribuer à ses charges, » ils déclarent : « La dette de la nation est la nôtre, n'étant pas juste que ceux qui ont prêté pour la chose publique en soient les victimes. » Ils entendent : « que les trois Ordres dictent la loi qui commande à tous, sans distinction ni privilège; qu'avant de consentir à aucun impôt, chaque communauté donne le tableau de ses charges royales publiques et de ses charges particulières, afin d'en faire connaître le fardeau effrayant qui tombe presque entièrement sur le peuple; à l'effet de refondre le tout en

---

(1) *Archives parlementaires*, t. VI, p. 231.

une seule imposition légale et uniforme sur toutes les personnes et les biens, sans distinction d'Ordre ni de privilège; respecter les droits de la propriété; charger l'État d'acquitter ceux onéreux au peuple, afin de diminuer les frais de perception, faciliter les jouissances, arrêter les vexations, les difficultés et les procès dont le peuple est écrasé de toute manière; lui laisser au moins le courage de travailler librement à cultiver, engraisser et ensemencer son champ, dont la production est reconnue pour être la principale richesse de l'État et la ressource de la vie du riche comme du pauvre. »

V

Le servage en Auvergne et dans la Marche.

Quittons enfin le nord et l'est, et arrivons au centre de la France.

La Coutume d'Auvergne, rédigée en 1510, n'admet déjà plus le servage. Néanmoins, l'équivalent de la mainmorte s'était maintenu dans le pays de Combrailles. L'évêque Fléchier (1) cite une action intentée par des serfs contre les chanoines réguliers de Saint-Augustin. Ceux-ci exerçaient sur leurs sujets une domination absolue, telle qu'ils pouvaient établir, par mémoire judiciaire, que les mariages de ces gens de rien n'étaient pas de véritables unions humaines, mais de simples commerces charnels entre animaux : *non matrimonia*

---

(1) *Mémoires sur les grands jours d'Auvergne en 1665*, p. 100 de l'édition de 1856.

sed soladitia. Messieurs des Grands-Jours examinèrent la plainte des esclaves des chanoines et appointèrent leur cause, c'est-à-dire la renvoyèrent à examen ultérieur « comme trop délicate. » Cet asservissement contesté se maintint intact jusqu'en 1779 au moins.

En 1789, le cahier particulier du bailliage secondaire de Montaigut-les-Combrailles (canton d'Évaux, Creuse), prouve combien peu s'était adoucie la condition des habitants.

« Beaucoup d'entre nous, exposent-ils, ne pouvant supporter les maux qui les accablent, sont forcés d'abandonner la terre qui les a vus naître. Aussi n'y a-t-il pas de pays où il y ait plus d'émigration, d'abandon de biens aux consuls et de banqueroutes ; où il existe autant de familles réduites à la nécessité, de maisons détruites ; enfin, oseront-ils vous dire, Sire, c'est en transgressant vos ordres, c'est en se livrant à la contrebande que leur situation s'améliore, qu'ils parviennent à vivre et, en s'exposant aux plus grands dangers, à la honte et à la flétrissure, qu'ils acquittent les impôts qui se lèvent en votre nom ! » (1)

Des doléances du même genre et du même ton sont adressées par le bailliage d'Issoire. Le cahier général de la sénéchaussée de Riom supprime, en une ligne, le reste de la servitude : « Que toute loi avilissante soit abolie ! » A Clermont-Ferrand, le Tiers-État dit qu'il

---

(1) *Archives parlem.*, t. V, p. 574.

convient d'extirper « tout ce qui tient à l'esclavage dégradant l'homme » et d'affranchir le citoyen « de tout ce qui rappelle l'idée affligeante de l'ancien régime féodal (1). »

A Guéret (Haute-Marche), c'est le clergé lui-même qui constate que « dans les paroisses où subsistent les conditions serves et mortaillables, tout languit; la population, l'agriculture, les arts et le commerce y sont dans un engourdissement mortel. » Le Tiers-État, très humblement, rappelle que « les mainmortes et servitudes réelles ont déjà été jugées odieuses par la sagesse du Conseil du Roi »; il sollicite, en conséquence, une loi de rachat. — Au Dorat, plus timides encore, les gens du Tiers ne consacrent pas un article spécial à la mortaillabilité; ils la mêlent aux divers droits seigneuriaux qu'il conviendrait d'abolir « sauf à indemniser les seigneurs qui se trouveront fondés en titres légitimes (2). »

(1) *Archives parlem.*, V, 568; II, 769.
(2) *Ibid.*, t. III, p. 675 à 685.

VI

Le servage dans le Bourbonnais, le Nivernais et le Berry.

Les communes du Bourbonnais n'osent pas réclamer plus que la « conversion en simple cens » des droits de taille, de banalité, de bordelage (redevance en argent, grains et volaille, dont le non-paiement trois ans de suite entraînait la confiscation du fonds) et de divers « autres droits insolites et exagérés ».

Mais, dans leur cahier particulier, les « officiers », c'est-à-dire les « gens de loi » de l'élection de Moulins prétendent détruire la base de toutes les iniquités féodales par l'abolition de l'impôt distinctif de la qualité des terres et des personnes, « du franc-fief, ligne de démarcation cruelle entre la noblesse et le peuple, tribut injuste qui enlève le patrimoine d'une famille quand elle pleure un père, un époux, un parent chéri; droit barbare qui se paie sur un patrimoine sans déduction des charges dont il est grevé » (1).

Les habitants du bourg de Nérondes, en leurs « Représentations » (2), rappellent « la franchise primitive, dont la nation n'a conservé que le nom ». Ils s'écrient : « Oui, suppression des restes de la féodalité, mais point de rachat; qu'on restitue à la nation une liberté qui lui a été arrachée! »

En Berry, un cahier (3), rédigé par un notaire royal, M. de Saint-Thorend, « pour les habitants de la petite ville de Boussac-le-Château et des trente-quatre ou trente-cinq paroisses de la subdélégation », contient cet article IV très important :

« Nombre de seigneurs laïques et ecclésiastiques ont des droits de servitude réelle et de mainmorte mouvants de leurs censives, et qui sont à peu près les mêmes que ceux du chapitre de Saint-Claude sur les habitants du Mont-Jura. Ces droits, autorisés par les titres des différents seigneurs, le sont encore plus par les dispositions des Coutumes voisines de la Marche et d'Auvergne. S. M., par son Édit du mois d'août 1779, a supprimé, dans ses terres et domaines, ces droits odieux; la liberté des personnes a été indéfiniment accordée et la condition même des héritages mainmortables a été convertie en un cens d'un sol par arpent. S. M. a invité les différents

---

(1) *Arch. parlement.*, t. II, p. 447, 449.
(2) Manuscrits de la collection des Archives nationales.
(3) Mss. *Arch. nat.*, B. III, 165.

seigneurs à affranchir leurs sujets de ce droit ; *aucuns n'ont suivi cet exemple, ils ont, au contraire, dans les cas qui se sont présentés, tiré un argument de l'Édit de 1779 comme d'une loi conservatrice à leur égard de ce droit de mainmorte réelle.* Dans l'étendue de la subdélégation de Boussac il y a peut-être un tiers des propriétés qui se trouvent grevées de cette condition, qui diminue la valeur de ces propriétés au moins d'un quart, qui gêne et met des entraves au commerce de ces sortes de biens. S. M., par une amplification de son Édit de 1779, pourrait affranchir toutes les propriétés de son royaume de ce droit de mainmorte moyennant une légère redevance... En rendant la liberté à ces sortes de biens on les rendrait susceptibles de l'assiette des impôts proportionnellement à leur valeur, comme toutes les autres du canton. »

Le tiers-état du bailliage secondaire d'Issoudun dénonce aussi les seigneurs, tant ecclésiastiques que laïques, qui n'ont pas suivi l'exemple du roi ; il requiert « l'abolition générale de la mainmorte » (1).

La noblesse de Bourges, du « maintien de tous ses droits honorifiques et utiles » excepte « les servitudes pures et personnelles qui répugnent toujours à son cœur généreux ». — Au cahier du tiers état (réduit pour la province entière), on demande l'extinction de la servitude et tout ce qui s'y rattache ; on prie en même

(1) *Archives parlem.*, t. II, p. 729.

temps les États généraux « d'aviser aux moyens de détruire la traite et de préparer la destruction de l'esclavage des nègres » (1).

On sait par le célèbre commentaire que Guy Coquille, au XVI° siècle, a fait de la Coutume du Nivernais, combien était lourd, en cette province, un servage « adhérant à la chair et aux os » et dont « la dignité épiscopale même ne délivrait pas ». En plein XVIII° siècle (2), « si un habitant de ces terres où l'on naissait serf, prenait femme d'un autre endroit qui ne fût pas de même condition, même qui fût libre, les enfants avaient la pire condition, c'est-à-dire celle du père, ils étaient esclaves comme lui... Si les mariés appartenaient à différents seigneurs, leurs enfants étaient serfs des mêmes seigneurs ; s'il n'en naissait qu'un ou s'il en naissait un nombre impair, l'unique ou l'impair devenait *serf à la fois des deux seigneurs*, ceux-ci se partageant entre eux les corvées et autres devoirs personnels, ainsi que la succession, s'il y avait lieu », — et même les enfants, la succession étant ouverte, du fait du père et de la mère, en des seigneuries différentes (3).

Cependant la noblesse de Nevers, en mars 1789, borne son libéralisme à « solliciter une loi précise pour fixer

---

(1) *Ibid.*, III, 319, 329.
(2) V. les mémoires de Née de la Rochelle sur le Nivernais et le Donziois, 1747, in-18.
(3) V. m Mémoires de Née de la Rochelle, p. 381-388.

les droits des communautés et des seigneurs relativement aux Coutumes, sans toutefois que cette loi puisse infirmer les titres authentiques de propriété (1). »

La destruction sans indemnité de la mainmorte servile est vivement réclamée par le tiers état du Nivernais.

Le cahier populaire de Saint-Pierre-le-Moustier (2) doit être mis en parallèle avec le mémoire des serfs de Saint-Claude. Il commence ainsi :

« Les plaintes du peuple se sont perdues dans l'espace immense qui le sépare du trône. Cette classe, la plus nombreuse,... qui mérite les premiers soins du gouvernement, puisqu'elle alimente toutes les autres,... cette classe qui, en recueillant moins, a toujours payé davantage, peut-elle, après tant de siècles d'oppression et de misère, compter aujourd'hui sur un sort plus heureux ?... Un respect aveugle pour les abus établis ou par la violence ou par la superstition, une ignorance profonde des conditions du pacte social, voilà ce qui a perpétué jusqu'à nos jours la servitude dans laquelle ont gémi nos pères. Le roi a manifesté le désir de trouver des sujets capables de lui dire la vérité... Osons donc secouer le joug des anciennes erreurs ; osons dire tout ce qui est vrai, tout ce qui est utile ; osons réclamer les droits essentiels et primitifs de l'homme. »

Après une revendication des droits naturels, impres-

---

(1) *Arch. parlem.*, IV, 246.
(2) *Arch. parlem.*, V, 635.

criptibles, après une démonstration de l'iniquité, de l'absurdité des privilèges, le tiers état conclut : « Tributs, emplois, corvées, peines, récompenses, tout doit être commun entre les citoyens d'un même empire... Il est indispensable que le clergé et la noblesse se restreignent aux prérogatives purement honorifiques dont ils sont en possession. Voilà l'unique moyen d'empêcher le reste de la nation de répéter aux deux Ordres privilégiés ce qu'il leur disait aux États tenus à Mehun-sur-Yèvre, en 1426 : « Que dans le temps où il soutenait « leur vie à la sueur et travail de son corps, ils atta- « quaient la sienne et que, tandis qu'ils vivaient de lui, « il mourait d'eux. » Les exemptions enfantent la jalousie, la haine, la discorde ; l'unité des intérêts, qui naîtra de leur suppression, fera naître la paix, le patriotisme, une bienveillance universelle, et les Français ne formeront plus qu'une grande famille où les aînés n'emploieront la supériorité de leurs lumières et de leurs forces que pour le bonheur de leurs frères. »

Ce préambule éloquent est suivi d'articles très minutieusement raisonnés.

Au vingtième, on demande la suppression partout du franc fief, parce que les habitants de plusieurs villes en sont exempts ; parce que cette taxe « n'opère plus comme autrefois l'affranchissement des gens de mainmorte servile qui y sont levants et couchants, et qu'elle n'anoblit pas les roturiers attachés au service militaire » ; parce qu'aussi « elle est contraire à l'intérêt même de la noblesse qui vend ses propriétés moins cher. »

Les justices seigneuriales doivent être abolies, dit le 43⁰ article, vu que « elles multiplient les degrés de juridiction, augmentent la masse des procédures, favorisent la chicane, occasionnent la ruine des parties en les obligeant à perdre beaucoup de temps et à faire des frais énormes pour les plus minces objets. » D'ailleurs, « elles manquent presque toujours d'auditoires et de prisons ; elles n'ont communément pour juges que des praticiens ignorants qui tiennent leurs audiences dans les cabarets et sont dans la dépendance absolue des seigneurs. »

Ces « manants » de Saint-Pierre-le-Moustier poussent le libéralisme jusqu'à élever la voix en faveur des protestants, pour lesquels ils réclament (art. 60) « une existence civile plus réelle, telle au moins qu'ils l'avaient avant la révocation de l'Édit de Nantes. » Ils proposent la vente des biens-fonds et des droits réels des ecclésiastiques, pour liquider les dettes du clergé, puis pour augmenter la portion congrue des curés, dont le casuel sera supprimé (art. 66 et 67).

Quant à la servitude, voici en quels termes ils la condamnent (art. 70): « Qu'on éteigne partout la mainmorte servile attendu que cet abus, par suite duquel les serfs n'ont ni la faculté de tester, ni celle de changer de domicile, ni celle de choisir un état à leur gré, expose les gens de cette malheureuse condition à être *partagés comme un vil bétail, quand leur père est mainmortable d'une seigneurie et leur mère mainmortable d'une autre ; que ce droit est par conséquent contraire au droit naturel et à la liberté générale des citoyens, aux lois du royaume et à l'intérêt public, et qu'on ne peut le considérer que comme le fruit de la violence et de l'oppression.* »

VII

Ce qu'il restait de serfs en 1789.

Un publiciste légitimiste, dans un ouvrage auquel son parti essaya de donner de l'importance, en 1866, présente avec une légèreté inouïe le tableau des droits féodaux subsistant au moment de la Révolution française. Arrivant vite au bout de sa liste, il écrit(1): « Je n'ai rien à dire de la mainmorte, *cet horrible droit* n'existant plus, au siècle dernier, que dans un nombre de seigneuries assez restreint pour qu'il soit raisonnablement possible de le classer parmi les droits féodaux ordinaires !... La Franche-Comté était *la seule province* où il existât encore des serfs, et *sur un point isolé du Jura !* » Le noble et orthodoxe auteur cite les renonciations en retard du marquis de Marnesia et de Mgr de Saint-

---

(1) *Les cahiers de 89 et les vrais principes libéraux*, par M. de Poncins, p. 314.

Claude, puis gaiement lancé sur ceux qui croient que la Révolution a servi à quelque chose cette ironie : « Le détail des anciens abus soulève l'indignation ; mais souvent, quand on les cherche, on ne les trouve plus ! » (1)

L'excursion rétrospective que nos lecteurs viennent de faire à travers les cahiers de la Bourgogne et des petites provinces voisines, de l'Alsace, de la Lorraine et des Trois-Évêchés, du Hainault, de l'Artois et de la Flandre, de la Champagne, de la Marche, de l'Auvergne, du Bourbonnais, du Berry et du Nivernais, met à néant les illusions intéressées de M. de Poncins et de ses coreligionnaires.

Le chiffre de 1,500,000 *serfs*, inscrit au titre même du livre de l'abbé Clerget, ne paraissait pas exagéré à l'Assemblée constituante lorsqu'elle agréa l'hommage du *Cri de la raison* (séance du 7 août 1789). Le vénéré duc de La Rochefoucauld-Liancourt confirma ce chiffre à la tribune.

Merlin (de Douai), en son rapport de mars 1790 sur les droits féodaux à abolir sans indemnité, ne l'infirme pas ; il le grossirait plutôt, comprenant parmi les droits dérivant de la servitude une foule de corvées, redevances et devoirs féodaux, en usage hors des pays de coutume mainmortable. L'auteur de l'ouvrage classique sur l'histoire du droit français (2) retrouve la mainmorte, très étendue encore en 1789, jusque dans les villages

---

(1) *ibid.*, p. 141-142.
(2) F. Laferrière, t. II, p. 95.

des environs de Blois. Quant à M. Taine (1), il aimerait à croire, comme Bailly (2), le chiffre de l'abbé Clerget exagéré après l'affranchissement royal de 1779 ; mais il est obligé de constater que le nombre des mainmortables était demeuré « très grand ». L'abaissât-on à *un million*, ce serait encore 1 serf sur 26 habitants, — proportion de beaucoup supérieure à celle des privilégiés, qui étaient, sur plus de 26 millions de Français, 83,000 nobles (d'après Lavoisier) et 82,000 ecclésiastiques (d'après Siéyès).

Notre étude des cahiers dans les contrées où la mainmorte était coutumière restreint le champ de la servitude plutôt qu'il ne l'élargit, car, si du Centre, du Nord et de l'Est nous descendions au fond du Midi, ne retrouverions-nous pas des taches serviles dans la Navarre, le Roussillon, le Béarn, les pays de Bigorre et de Foix ?

On lit dans le cahier du tiers-état de Tarbes (3) : « Que la jouissance libre et légale de la vie, des actions, de la faculté *locomotive* (sic) et des biens de tout individu, soit mise sous la protection et sauvegarde de la loi ! » On réclame, principalement contre l'Église et l'Ordre de Malte, la suppression des « droits sur les *faux morts*, de *loi de sang* et autres qui ressentent la servitude personnelle, et blessent la liberté de l'homme. » (Art. 18.) Le village de Gordes, en Provence, demande l'abo-

---

(1) P. 27-37 du t. I.
(2) *Mémoires*, II, p. 214.
(3) *Arch. parlem.*, II, 351.

lition de la « servitude personnelle », dont demeurent frappées, par leur origine, certaines familles qui « ne peuvent tenir en franchise de tasque des biens francs », lesquels tombent « sous la tasque, dès qu'ils sont dans les mains de ces familles serviles ».

N'était-il pas également resté des vestiges de mainmorte en Picardie? Noblesse et Tiers, très vivement, à Péronne, Montdidier et Roye, émettent le vœu de l'extinction du « reste de la servitude de la glèbe ». Les communes d'Amiens et Ham placent au premier rang de leurs mandats la généralisation de l'Édit de 1779, « l'affranchissement absolu » des serfs, et déclarent que « la liberté civile étant inaliénable et imprescriptible, toute propriété qui y porte atteinte doit exciter la réclamation générale des Français. »

VIII

Soulèvement électoral contre la mainmorte et toute servitude.

Hors des régions où très sûrement il n'y avait plus de mainmortables, l'extirpation de la mainmorte est indiquée comme un des premiers actes de la justice des États généraux.

Que ce droit, « flétri par l'opinion, proscrit par le roi lui-même, disparaisse bientôt ! » crie « le peuple » du Poitou !

La malédiction se répercute dans le Limousin, la Normandie, le Cambrésis, l'Ile-de-France. « Disparaissent tous les restes de la tyrannie des grands ! » dit-on à Étampes. Les plus petites communes de la banlieue parisienne réclament en faveur des serfs ; les districts parisiens mêlent l'affranchissement du Jura à l'abolition du *Code noir*. — On pousse si loin, en ce moment unique de l'histoire, la peur de commettre une injustice envers des propriétaires dont la propriété est contestable, qu'à Paris, le tiers état distingue encore la servitude *personnelle* à supprimer, de la *réelle* à racheter.

Le clergé de la capitale se prononce contre la servitude personnelle, « sauf à indemniser le seigneur, s'il y a lieu; » il confond la mainmorte avec la traite; il demande « qu'on assure au moins, par de bonnes lois, à tous les noirs de nos colonies un régime doux et modéré et tous les secours de la religion et de l'humanité. »

La Chambre ecclésiastique de Melun et Moret aime à répéter que « le christianisme a fait connaître la véritable dignité de l'homme et ses droits à la liberté ». Elle exprime l'espérance que « tous les propriétaires de droits barbares sentiront *qu'ils ne peuvent imposer des serfs à leurs concitoyens lorsqu'ils réclament une entière liberté pour eux-mêmes !* »

En général, les assemblées cléricales, où les curés de campagne obtiennent la majorité, font très bon marché des droits serviles, qui ne profitent qu'aux gros bénéficiers. Mais, quand la majorité subit l'influence de l'évêché ou d'une puissante abbaye, si le cahier ne reste pas muet sur la mainmorte, le rachat en est entouré de toute sorte de précautions tirées du principe de l'inviolabilité de la propriété des Ordres.

Assez souvent le clergé se montre libéral et égalitaire dans les régions où la féodalité rapporte plus à la noblesse qu'à lui. La réciproque n'est pas rare, on le pense bien. La Noblesse est dure à l'égard du clergé dans les contrées où il est prépondérant et où ses intérêts ne sont pas solidaires des siens.

Les gentilshommes de Mantes et Meulan insistent sur l'abolition du servage de la glèbe et la destruction de l'esclavage des noirs : « Aucune des réclamations de l'humanité ne pourrait rester étrangère à des amis de la liberté et de la justice,... la France devant désirer l'honneur d'effacer jusqu'aux dernières traces de la dégradation de la nature humaine. »

Ce sentiment de l'honneur national et privé est loin d'être spécial à la caste noble. Il éclate mieux encore chez les « roturiers », qui, n'étant plus serfs, exigent pour leurs concitoyens l'abolition de toute servitude.

Ce n'est pas à Saint-Claude, ce n'est pas à Saint-Pierre-le-Moustier, c'est à Forcalquier, en Provence, que le tiers état s'écrie : « Le régime féodal n'a produit que des esclaves ; les branches de l'arbre ont été abattues, mais le tronc subsiste encore ; il faut employer la cognée et la hache pour le renverser entièrement. » En Normandie, à Beaumont-le-Roger, on prononce cet arrêt révolutionnaire : « Coupons les deux têtes de l'hydre de la féodalité ! » De toutes parts, en Quercy comme dans le pays de Foix, en Saintonge, en Bretagne, on ordonne d'extirper tout souvenir de servitude, « tout usage contraire à la dignité de l'homme ».

Le bourg de Rosny, près Paris, exige « le retour à la liberté naturelle », et le village de Ventouse en

Angoumois, « la liberté entière des Français. » Diverses paroisses des bords de la Charente (1) répètent : « Que tout Français soit compté pour un homme ! » Dans le grand cahier de Rennes on pose en principe « le franc-alleu universel », parce que « point de liberté, de prospérité, de bonheur, là où les terres sont serves ! »

La communauté de Callian, dans la sénéchaussée de Draguignan, lance ce mot superbe : « Que tous les Français soient nobles ! »

(1) V. *l'Angoumois en* 89, par Ch. de Chancel, 1849, in-8º.

IX

La Révolution dans les campagnes.

Nous avons sondé la profondeur des haines qu'inspirait le régime féodal aux paysans dictant, écrivant, signant les cahiers primitifs des villages. Nous avons, dans les cahiers réduits des bailliages, constaté la modération pratique du tiers état, qui atténue les colères rurales et, en fin de compte, demande, non pas la destruction violente du régime féodal, mais le rachat général des droits seigneuriaux.

Donc il n'est pas douteux pour nous que ce qui fut proclamé dix ans plus tard, après le 18 brumaire, ce qui assura au Consulat, à l'Empire, l'adhésion de l'immense majorité de la nation (1), — « la Révolution est

---

(1) V. Lanfrey, *Histoire de Napoléon*, t. II, p. 41.

fixée aux principes qui l'ont commencée; elle est finie »; il n'y a plus à revenir sur l'abolition des privilèges, la suppression des redevances féodales, l'appropriation du sol au cultivateur libéré, — cela aurait pu aussi bien et mieux se déclarer dans le courant du mois de mai 1789, « fixer » de même la Révolution, et faire, avant les Napoléons, les Bourbons maîtres absolus d'une démocratie économiquement satisfaite, d'autant plus facile à exploiter politiquement et militairement.

La statistique actuelle (1) nous montre combien est prépondérante en France la population agricole. A elle seule, elle forme la majorité : 19 millions sur 37 millions d'habitants. La grande industrie n'étant pas née, la proportion était beaucoup plus forte en 1789. On la peut établir, d'après les calculs de *la Richesse territoriale du royaume*, ouvrage inachevé de l'illustre Lavoisier, imprimé en 1791 par ordre de la Constituante, comme 9 est à 2, c'est-à-dire que les paysans formaient largement les trois quarts des Français.

Les intérêts et les sentiments de ces paysans, on les comprend d'après les extraits de cahiers, que nous avons donnés. Tocqueville (2) a expliqué comment, « la taille ayant décuplé depuis deux siècles, » et les droits féodaux étant devenus plus durs qu'au moyen âge, perçus par des agents fiscaux pour le compte des seigneurs

---

(1) Recensement de 1876.
(2) *L'ancien régime et la Révolution*, ch. XII du livre II.

qui ne résidaient presque jamais dans leurs châteaux, le cultivateur, abandonné et méprisé par le maître, se trouvait, « malgré les progrès de la civilisation, dans une condition quelquefois pire qu'au treizième siècle. » Il a peint la haine que devait naturellement inspirer au peuple celui qui était comparé au moins grand mais non au moins cruel des oiseaux de proie, « le hobereau. » — M. Taine, dont les restaurateurs d'ancien régime aiment tant à citer les pages qui leur conviennent, a mis dans la bouche, non d'un mainmortable, mais d'un censitaire de l'espèce la plus commune, ce raisonnement exact (1) :

« Je suis misérable parce qu'on me prend trop ; on me prend trop parce qu'on ne prend pas assez aux privilégiés. Non seulement les privilégiés me font payer à leur place, mais encore ils prélèvent sur moi leurs droits ecclésiastiques et féodaux. Quand, sur mon revenu de 100 francs, j'ai donné 53 francs et au delà au collecteur, il faut encore que j'en donne plus de 14 au seigneur, et, sur les 18 ou 19 francs qui me restent je dois en outre satisfaire le rat de cave et le gabelou. A moi seul, pauvre homme, je paye deux gouvernements, l'un ancien, local, qui aujourd'hui est absent, inutile, incommode, humiliant, et n'agit plus que par ses gênes, ses passe-droits et ses taxes ; l'autre, récent, central, qui, se chargeant seul de tous les ser-

---

(1) *Les origines de la France contemporaine*, t. I, p. 485.

vices, a des besoins immenses et retombe sur mes faibles épaules de tout son énorme poids. »

Quiconque a étudié à travers l'histoire et a observé dans ses habitudes quotidiennes le laboureur de France, se rend aisément compte de l'état d'esprit où le mit la rédaction des cahiers de 89. Ayant signé de son nom ou d'une croix, un papier authentique, porté aux sénéchaussées ou bailliages par des délégués choisis par lui, il crut à ce papier autant et plus qu'à l'Évangile. Il lui sembla que le roi ne pouvait rien refuser de ce qui était écrit là, puisque la réunion des États généraux n'avait d'autre objet que de réaliser les vœux du peuple.

D'instinct le paysan avait compris qu'affranchir la terre, c'était s'affranchir lui-même. Il avait, du même coup, sur le même papier légalisé, fait libres lui et sa terre. Il ne pensait pas qu'on pût revenir là-dessus. Que pour passer de servage à franchise on l'obligeât à payer quelque chose, il le supposait sans l'approuver. Il n'aurait pas laissé protester les engagements pris en son nom par ses représentants si ceux-ci avaient vite décidé l'extirpation de toute féodalité. C'était la question capitale, presque unique, pour les trois quarts des Français, question sociale au premier chef, d'intérêt et de dignité, de propriété et de liberté. Elle était posée, on comptait sur la solution immédiate.

Cependant la grande Assemblée s'est ouverte le 5 mai. Louis XVI et Necker ont discouru longuement, et des droits féodaux ils n'ont rien dit. Ils ont déclaré, à l'encontre des espérances rurales, que les privilèges des Ordres, que les propriétés, « quelque nature qu'elles eussent, » étaient de nouveau garantis.

Six semaines se sont passées avant que le serment du Jeu de Paume (20 juin) ait déterminé la fusion, l'anéantissement de la noblesse et du clergé dans le sein du tiers état.

Et, juste à ce moment, l'aristocratie, essayant une suprême résistance, dicte la déclaration insensée de la séance royale du 23 juin :

« Toutes les propriétés sans exception seront constamment respectées, et Sa Majesté comprend expressément sous le nom de propriétés *les dîmes, les cens, les rentes, les droits et devoirs féodaux et seigneuriaux, généralement tous les droits et prérogatives attribués aux terres et aux fiefs* et appartenant aux personnes. » Le roi *veut* abolir seulement « la corvée pour la confection et l'entretien des chemins ». A peine *désire*-t-il que, quant à la mainmorte, son exemple de 1779 s'étende au royaume entier et qu'il lui soit « offert des moyens de pourvoir à l'*indemnité* due aux seigneurs de ce droit » (1).

Pendant ce temps-là, le printemps s'est écoulé, l'été est venu. Les agents des intéressés aux dîmes, redevances, corvées, lods et ventes, etc., réclament de toutes parts ce qui était dû aux seigneurs. Les auteurs et si-

(¹) Articles 12, 30, 31, de la Déclaration royale du 23 juin 1789.

gnataires des cahiers dans lesquels l'abolition des droits a été inscrite, protestent qu'ils ne doivent plus rien ou qu'ils doivent seulement la somme que les États généraux ont reçu mandat de déterminer.

La moisson va venir. Suivant les coutumes séculaires, dont, en conscience, on a prouvé l'iniquité, livrera-t-on à l'ecclésiastique, au noble, la meilleure part du produit de la terre? Alors surtout qu'une série d'années mauvaises, et peut-être, on le croit, de spéculations monstrueuses ont produit la famine, ce n'est pas le surplus, c'est l'essentiel de la vie du cultivateur que réclament les agents fiscaux, au nom des seigneurs, dont les droits ont été contestés et restent niés.

On a attendu, granges fermées, les mains sur les poches, jusqu'en juillet. Survient l'énorme nouvelle de la prise de la Bastille. Paris s'est armé et a vaincu. Dans le moindre village on s'arme et l'on court prendre la tour féodale.

Elle n'est plus, comme avant Louis XI et Richelieu, une bastille privée, mais c'est toujours le dépôt des titres de la sujétion du territoire étalé sous son ombre sinistre. Le paysan exaspéré brûle la tour, souvent avec le château y attenant, quelquefois avec les seigneurs haïs qui sont dedans.

Les châtelains calment sans trop de peine les envahisseurs s'ils signent la renonciation aux droits; mais on est, d'un bout de la France à l'autre, implacable à l'égard des parchemins et des armoiries, dont on fait des feux de joie. On ne se rend guère compte de la réalité des choses : on omet d'envahir les études de notaire et les greffes des tribunaux. Mais qu'importe ! par le fer et par le feu on signifie qu'on ne paiera plus jamais, on supprime soi-même sa servitude.

C'est l'application universalisée de la théorie du *Contr'un* de la Boëtie : « Soyez résolus de ne servir plus et vous voilà libres ! »

Fait dont ne s'est pas aperçu l'érudition, — contemporainement épouvantée, — de M. Taine, qui s'exagère les bagauderies et jacqueries de 89 d'après les rapports des derniers fonctionnaires de l'ancien régime : les violences rurales ont été plus rares que partout ailleurs dans les pays de mainmorte. Par exemple, est-ce dans « la montagne » ? non, c'est dans « la plaine » de Franche-Comté que, dès avril, l'autorité signale « des brigands » menaçant de « brûler les châteaux » (1). Les serfs du Mont-Jura, encore en juillet, en août, restent calmes. Avec une patience imperturbable, ils attendent que l'Assemblée nationale, comme ils l'ont fait écrire à la fin de leur mémoire, *leur rende justice*.

(1) Lettre manuscrite de M. de Langeron, B III.

X

La nuit du 4 août.

Nous voici au 4 août, la date capitale de l'histoire de la société française.

L'Assemblée nationale avait décidé, dans la journée, une « Déclaration des droits de l'homme et du citoyen ». Elle devait en examiner les articles à la séance du soir, ouverte vers huit heures.

Mais voici qu'au nom du comité de rédaction, Target présente, sur une décision de la veille, un « projet d'arrêté relatif à la sûreté des personnes et des propriétés ». Il y est proposé de déclarer : « Les anciennes lois subsistent et doivent être exécutées jusqu'à ce que l'autorité de la nation les ait abrogées ou modifiées ; les impôts, tels qu'ils sont, seront perçus jusqu'à ce qu'il ait été établi des contributions moins onéreuses au peuple ; *toutes les redevances et prestations accoutumées devront être payées comme par le passé* jusqu'à ce qu'il en ait été autrement ordonné par l'Assemblée, etc. »

Le jeune duc de Noailles se précipite à la tribune.

On veut, dit-il, « arrêter l'effervescence des provinces et confirmer les propriétaires dans leurs véritables droits. Mais comment y parvenir sans connaître la cause de l'insurrection qui se manifeste ?... Les communautés ont fait des demandes. Ce n'est pas une Constitution qu'elles ont avant tout désirée ; le vœu n'en a été formé que dans les bailliages... Ce qu'elles ont demandé, c'est que les droits d'aide fussent supprimés, c'est que les droits féodaux fussent allégés ou échangés.... La proclamation aux campagnes n'aura d'effet que si elle est précédée d'un décret portant :

1° Que les représentants de la nation ont décidé que l'impôt sera payé par tous les individus du royaume dans la proportion de leurs revenus ;

2° Que toutes les charges publiques seront à l'avenir supportées également par tous ;

3° Que tous les droits féodaux seront rachetables par les communautés ou échangés sur le prix d'une juste estimation, c'est-à-dire d'après le revenu d'une année commune prise sur dix années de revenu ;

4° Que les corvées seigneuriales, la mainmorte et autres servitudes personnelles seront détruites sans rachat. »

Noailles n'était qu'un cadet de famille ; il ne possédait guère que l'épée dont il s'était glorieusement servi sous La Fayette, en Amérique. Ses ennemis pouvaient donc objecter qu'il offrait le sacrifice de sa caste sans rien sacrifier lui-même. Mais comment adresser ce reproche au duc d'Aiguillon, le plus riche des propriétaires féodaux après le roi?

Celui-ci motive la proposition préparée au Club breton (futur Club des Jacobins), et dont son collègue vient de lui ravir l'initiative, sur ce que « le premier et le plus sacré des devoirs de l'Assemblée nationale est de faire céder les intérêts particuliers des personnes à l'intérêt général ». Il n'est aucun de nous, s'écrie-t-il, « qui ne gémisse des scènes d'horreur dont la France offre le spectacle. Ce ne sont pas seulement les brigands qui veulent s'enrichir à main armée... Dans plusieurs provinces le peuple tout entier forme une sorte de ligue pour détruire les châteaux, ravager les terres et surtout brûler les chartriers où reposent les titres des propriétés féodales. Il cherche à secouer un joug qui pèse depuis tant de siècles sur sa tête... Et, il faut l'avouer, cette insurrection, quoique coupable, peut trouver son excuse dans les vexations endurées... Il me semble qu'avant d'établir la Constitution tant désirée, il faudrait prouver à tous les citoyens que notre intention est d'établir le plus promptement possible cette égalité de droits qu'ils demandent et qui doit régner entre tous les hommes. »

Et l'opulent duc propose en bloc : la répartition

égale des impôts sur tous en raison des facultés de chacun; l'abolition de tous les privilèges et exemptions; quant aux droits féodaux, « tributs onéreux qui nuisent à l'agriculture et désolent les campagnes, mais qui sont de véritables propriétés, et à ce titre inviolables, » le remboursement « au denier trente ou à tout autre denier qui sera jugé plus équitable » selon les provinces.

En attendant, ajoute-t-il, rentrant dans la pensée de Target, ordre serait donné de « percevoir ces droits comme par le passé, jusqu'à parfait remboursement. »

Mais n'était-il pas déjà trop tard ?

On ne paraît pas s'arrêter à ce détail. Un député « roturier » félicite la noblesse de « donner au peuple français une preuve remarquable de patriotisme. » Dupont (de Nemours) n'est pas écouté, disant qu'il faut avant tout s'occuper d'une proclamation solennelle, rappeler que « tout citoyen est obligé d'obéir aux lois, de respecter la liberté, la sûreté et la propriété des autres », tant que la représentation nationale n'a pas changé les lois, la nature des propriétés. Ce qui, en principe, est très juste, mais ce qui ne répond nullement aux sentiments populaires, ni même à ceux de l'Assemblée; tout le monde voit bien qu'entre l'ancien régime nié et le régime nouveau à formuler la transition est légalement et matériellement insoutenable.

Un Bas-Breton qui siège en costume de son pays, objecte :

« Pourquoi les châteaux brûlent-ils ? c'est que l'Assemblée n'a pas été assez prompte à déclarer que les armes terribles que les châteaux contiennent et qui tourmentent le peuple depuis des siècles allaient être anéanties par le rachat forcé. »

D'un mouvement oratoire, Le Guen de Kerengal brise les dernières hésitations :

« Soyons justes!... Qu'on apporte ici les titres qui outragent la pudeur, qui humilient l'espèce humaine!... Qui de nous, en ce siècle de lumières, ne ferait un bûcher de ces infâmes parchemins sur l'autel du bien public? »

Les gentilshommes applaudissent d'autant mieux que le député de Lesneven a félicité d'Aiguillon et de Noailles de leur audace « à publier des vérités jusqu'ici ensevelies dans les ténèbres de la féodalité. »

L'orateur achève par ce trait menaçant : « Pour le bien de l'État, hâtez-vous de donner ces promesses à la France... Un cri général se fait entendre... Un jour de délai occasionne de nouveaux embrasements... La chute des empires s'annonce avec moins de fracas; ne voulez-vous donner des lois qu'à la France dévastée? »

Le marquis de Foucault condamne les pensions nobiliaires, les faveurs royales.

Le vicomte de Beauharnais revendique l'admissibilité de toutes les classes à toutes les fonctions.

Deux représentants des deux contrées où la féodalité

est restée le plus horrible se succèdent à la tribune. Legrand, du Berry, décrit les misères de ses compatriotes et les iniquités séculaires dont ils souffrent, et qu'il faut se hâter d'abolir sans indemnité. La Poule, de Franche-Comté, l'auxiliaire de Christin et de Voltaire dans le procès contre le chapitre de Saint-Claude, relève, en traits sanglants, les fraudes et les crimes féodaux. Il fait pousser des cris d'indignation à l'assistance.

Cottin, député de Nantes, détaille les ignominies dont se rendent coupables les agents inférieurs des seigneurs, et formule nettement la double proposition de « l'abolition des justices seigneuriales, de l'extinction des débris du régime féodal. »

La tribune est envahie par des gentilshommes se disputant l'honneur de se dépouiller de droits exécrables.

Custine, alors maréchal de camp et député de la noblesse de Metz, appuie le rachat de tous les droits au denier trente. Se tournant vers les bancs du clergé, qui a beaucoup applaudi mais qui n'a rien offert encore, il l'invite, il le somme « comme propriétaire d'une grande partie des droits féodaux à joindre ses sacrifices à ceux de la noblesse et à donner sur-le-champ son acquiescement à l'abandon des privilèges pécuniaires. » Car, prouve-t-il, c'est le seul moyen de rappeler tous les citoyens à l'observation des lois, « et la politique le commande pour donner à la France son plus haut degré de prépondérance en Europe, où la destruction de cette servitude devra être immédiatement réclamée par tous les peuples (1). »

Les deux évêques de Nancy et de Chartres veulent répondre en même temps.

« Accoutumés à voir la misère et la douleur du peuple, dit le premier, notre vœu le plus ardent est qu'elles cessent... Au nom du clergé, et pour honorer à la fois la justice, la religion et l'humanité, nous demandons que, si le rachat des droits féodaux est accordé, il ne tourne pas au profit du seigneur ecclésiastique, mais qu'on en fasse des placements utiles pour les bénéfices mêmes, afin que leurs administrateurs puissent répandre des aumônes abondantes sur l'indigence. »

Mgr de Chartres décrit les ravages causés par le droit de chasse réservé à la noblesse, et déclare renoncer à celui dont jouit son évêché (malgré les canons qui interdisent la chasse aux ecclésiastiques). Heureux, conclut-il, en se tournant vers les nobles comme Custine s'était tourné vers les prêtres, « de pouvoir donner à tous les propriétaires du royaume cette leçon d'humanité et de justice! »

« Ah! l'évêque nous ôte la chasse! » murmure le duc du Châtelet, et il court à la tribune proposer le rachat de la dîme, qui est décidé par acclamation. Le comte de Virieu fait abolir le droit de colombier, re-

(1) *Compte-rendu de Custine sur l'arrêté du 4° août*, in-8°, 36 p. 1789.

grettant de n'avoir à donner que « le moineau de Lesbie » !

Plusieurs curés, ceux de Roanne, de Villefranche, d'Église-Neuve (1) signent la renonciation totale à leurs dîmes.

Quelques autres offrent jusqu'à leur casuel ; mais l'Assemblée n'accepte qu'à la condition que le clergé patriote soit dignement doté. Cependant si les évêques, alors gallicans, laissent sans protester passer la suppression des annates, de tous les droits perçus en France par la cour de Rome, et poser implicitement le principe d'une Église nationale indépendante par l'abbé Grégoire (2), il se produit, de la part du haut clergé, certaines réserves de principe, peu senties en ce moment de générosité fiévreuse, très graves au fond, et d'où sortira le conflit prochain entre l'Église et la Révolution.

« Qu'il me serait doux, dit l'évêque d'Uzès, d'être possesseur d'une terre pour en faire le sacrifice et la remettre entre les mains de ses habitants ; mais nous avons reçu nos titres et nos droits de la nation, qui peut seule les détruire... Nous ne sommes que des *dépositaires passagers*... Nous nous livrons à la sagesse de l'Assemblée. »

Les évêques de Nîmes et de Montpellier ne se désaisissent d'aucun de leurs biens et privilèges ; ils se con-

---

(1) Cités par M.° J. Wallon, *le Clergé de 89*, in-18, 1876, p. 431.
(2) *Mémoires de Grégoire*, notice de M. Carnot, t. I, p. 28.

tentent de réclamer l'exemption des impôts pour les artisans et manœuvres.

« On revient sur l'extinction absolue des mainmortes de Franche-Comté, de Bourgogne et autres lieux qui les connaissent, » lisons-nous dans le compte-rendu sec et incomplet des *Archives parlementaires* (1).

Personne, paraît-il, n'ose présenter d'objections au duc de La Rochefoucault-Liancourt qui requiert l'affranchissement pur et simple, sans nulle indemnité, des derniers serfs de France (2).

Personne non plus, parmi les seigneurs du Nivernais, de l'Alsace, ni parmi les ecclésiastiques de Franche-Comté ne cherche à expliquer comment cette abomination a pu survivre aux siècles de barbarie.

Nul n'a l'idée de rappeler la thèse, — reproduite de nos jours par Montalembert et par M. Taine, — que si les bons moines du Jura et d'ailleurs n'avaient employé le servage pour retenir les cultivateurs, jamais les mon-

(1) Le compte-rendu de la nuit du 4 août 1789 est aussi insuffisant dans les *Archives parlementaires* que dans l'ancien *Moniteur*. Les auteurs de cette très utile compilation auraient pu combler les vides et éviter les confusions à l'aide des journaux de l'époque, principalement le *Journal de Paris* et le *Point du jour*, au moyen des comptes-rendus, lettres et mémoires des membres de la Constituante. Ils ont même omis de suivre, pour remettre les matières en ordre, le procès-verbal officiel conservé aux Archives nationales. Il y aurait, croyons-nous, à faire sous la République, aux *Archives parlementaires*, entreprises sous l'Empire, un supplément donnant au vrai et au complet *les grandes séances des Chambres françaises*.

(2) *Mém.* de Bailly, II, 214.

tagnes n'auraient été habitées! Plus de douze siècles de servage pour peupler le Jura et les Vosges : un pareil procédé n'est soutenable ni en économie politique ni en humanité de simple bon sens.

A travers le tumultueux abandon par les corps judiciaires, les villes, les provinces, de tous les privilèges particuliers, de toutes les exemptions collectives, de tous les droits contraires au double droit de la nation et de l'homme, Le Peletier de Saint-Fargeau insiste afin que le peuple soit mis à même de profiter sur-le-champ des réformes proclamées; il voudrait que l'abolition des droits féodaux fût comptée pour toute l'année courante 1789.

L'archevêque d'Aix émet le premier une idée qui traversa la Constituante et la Convention pour se fixer dans le Code civil, il demande « que des lois empêchent désormais dans les contrats toute clause ayant un caractère féodal » (1).

Custine ne cesse pas de réclamer la rédaction immédiate des articles consacrant les sacrifices accomplis.

Le président, Chapelier, est chargé de ce soin; car l'heure avance, il est plus de deux heures du matin, on est écrasé de peur sur certains bancs, harassé d'héroïsme sur les autres.

Cependant la Constituante ne laisse pas lever la plus prodigieuse séance des annales parlementaires de tous

---

(1) A. de Tocqueville, *Mélanges*, in-8°, 1863, p. 181.

les pays sans exiger que le premier des arrêtés à rédiger portera :

« Abolition de la qualité de serf (*sic*) et de la mainmorte, sous quelque dénomination qu'elle existe. »

XI

Effet immédiat de l'abandon des privilèges.

Justice était rendue enfin, comme l'avaient réclamée les mainmortables du Mont-Jura.

Ce n'était pas seulement le servage, c'était la féodalité entière, honorifique et réelle, c'était la justice et le fief, c'était tout un échafaudage politique, c'était tout un édifice social qui venait de s'écrouler sur lui-même.

A la place de seigneuries, de cités et de provinces disparates amalgamées sous « le bon plaisir » d'un roi absolu, surgissait la nation française souveraine et libre. Toutes les classes, avec leurs privilèges et distinctions, disparaissaient devant la patrie une et le citoyen égal au citoyen.

Il n'existait plus de propriétés issues du droit du plus fort ou distribuées, par grâce, en bénéfice. La propriété n'allait pas simplement changer de propriétaires. Un nouveau droit s'inaugurait, et c'était le contraire de l'ancien droit.

L'homme subordonné à la terre en était affranchi; du même coup terre et homme entraient, par la large porte de la démocratie, dans l'immense avenir de l'égalité et de la liberté, où la race n'est rien, où le travail devient tout.

Et cette révolution sociale énorme s'était faite, comme dit Edgar Quinet (1), « non par surprise, mais par l'effet de la nécessité..., d'elle-même et avec le concours de tous... Les hommes constatèrent la ruine plutôt qu'il ne la firent. »

« En une seule nuit, écrivait Garat dès le lendemain (*Journal de Paris*), la face de la France a changé; l'ancien ordre de choses, que la force a maintenu malgré l'opposition de cent générations, a été renversé; l'arbre fameux de la féodalité qui couvrait toute la France, a été abattu...; en une nuit, les larges entreprises de la cour de Rome, ses abus, son avidité, ont trouvé un terme et une barrière insurmontable que viennent de poser pour une éternité la sagesse et la raison humaines. »

Hæc nox est, s'écriait Camille Desmoulins dans sa *Lanterne aux Parisiens*, « c'est cette nuit, bien mieux que celle du vendredi saint, que nous sommes sortis

---

(1) *La Révolution*, t. IX

de la misérable servitude d'Egypte... C'est cette nuit qui a aboli la dîme et le casuel. C'est cette nuit qui a aboli les annates et les dispenses, qui a ôté à Alexandre VI les clefs du ciel, pour les donner à la bonne conscience... C'est cette nuit qui a supprimé les justices seigneuriales et les duchés-pairies, qui a aboli la mainmorte, la corvée, le champart, et effacé de la terre des Francs tous les vestiges de servitude. C'est cette nuit qui a réintégré les Français dans les droits de l'homme, qui a déclaré tous les citoyens égaux, également admissibles à toutes les dignités, places, emplois publics; qui a arraché tous les offices civils, ecclésiastiques et militaires, à l'argent, à la naissance et au Prince, pour les donner à la nation et au mérite... Immortel Chapelier, toi qui présidas à cette nuit fortunée, comment as-tu levé si tôt la séance ?... Deux heures de plus, l'impétuosité française achevait de détruire les abus ! Cette Bastille était ainsi emportée en une seule attaque, et le soleil se levait sur un peuple de frères et sur une République bien plus parfaite que celle de Platon ! »

Mirabeau n'avait pas assisté à la séance, dont l'importance surprit toutes les prévisions. Il fut d'autant plus frappé de l'événement spontané. Dans son *Courrier de Provence* (n° 23), il constatait fièrement : « Nous avons vu des étrangers, des Anglais, convenir avec admiration que les Français avaient fait en quelques heures plus que d'autres nations en un siècle. » Mais, en grand homme politique qu'il était, il se défiait de ce qui n'avait pas été préparé ; son premier souci fut d'aviser à ce qu'un si beau feu d'artifice ne se dissipât pas en fumée. — « Toutes ces résolutions de l'Assemblée, écrit-il, *sont irrévocables* ; elles sont *sous la garantie sacrée de l'honneur* ; il n'est pas un Français qui ne crût flétrir la gloire nationale et s'avilir lui-même en proposant d'attenter à des sacrifices qui sont devenus le *bien de la patrie.* »

Dès le lendemain, en effet, beaucoup, parmi les ci-devant privilégiés, considéraient cette «Saint-Barthélemy des propriétés » (1) comme une « bacchanale d'insensés ou d'ivrognes », (2), et cherchaient les moyens de revenir sur ce qui avait été fait. Mais l'impression publique est si profonde que pas un fanatique, pas un fou des anciens Ordres ne s'avise d'interrompre, à la séance du 5, le comte de Montmorency, lisant, au nom du comité de rédaction, le texte des arrêtés du 4 août.

Le préambule est écouté et approuvé au milieu d'un majestueux silence :

« L'Assemblée nationale, considérant que, dans un État libre, les propriétés doivent être aussi libres que les personnes ; que la force d'un empire ne peut résulter que de la réunion parfaite de toutes ses parties et de l'égalité des droits et des charges ; que tous les

---

(1) Le mot est du comte de Rivarol.
(2) Le mot est du comte de Montlosier.

membres privilégiés et les représentants des provinces et des villes se sont empressés, comme à l'envi, de faire, au nom de leurs commettants, entre les mains de la nation, la renonciation solennelle à leurs droits particuliers et à tous leurs privilèges. »

L'article 1er porte :

« Les mainmortes, mortes-taillables, corvées, droit de feu, guet et garde, et toutes autres servitudes, sous quelque dénomination que ce soit, même les redevances et prestations pécuniaires établies en remplacement d'aucuns de ces droits, sont abolis à jamais sans indemnité. »

Les articles suivants annoncent :

Que les droits de colombier, chasse, pêche, garenne, sont abolis ; les justices seigneuriales supprimées ;

Que tous les droits seigneuriaux et toutes les rentes foncières sont rachetables ;

Que les dîmes en nature, ecclésiastiques, laïques ou inféodées, pourront être converties en redevances pécuniaires rachetables ; que les droits casuels des curés seront supprimés et qu'il sera pourvu à l'augmentation des portions congrues; que les annates et le déport sont supprimés ; que la pluralité des bénéfices et des pensions ecclésiastiques n'aura plus lieu ;

Que « tous les privilèges pécuniers, personnels et réels en matière de subsides sont abolis à jamais, » et que la perception des contributions se fera sur tous les citoyens et sur tous les biens, de la même manière, dans la même forme ;

Qu'il sera pourvu incessamment à l'établissement de la justice gratuite ;

Que tout citoyen est admissible à tous les emplois ;

Que tous les privilèges particuliers des provinces, des villes, corps et corporations sont abolis ;

Que « l'Assemblée s'occupera, de concert avec le Roi, de la suppression ou réduction des pensions. »

A la suite des arrêtés sont reproduites les propositions de l'archevêque de Paris, du marquis de Lally-Tollendal et du duc de Larochefoucauld-Liancourt :

Un *Te Deum* sera chanté en actions de grâces dans la chapelle du Roi ;

Louis XVI est proclamé *Restaurateur de la liberté française.*

XII

Essais ecclésiastiques de réaction.

L'ensemble avait été adopté de nouveau sans conteste, mais on avait remis au lendemain le débat sur la rédaction définitive des articles.

Le 6, l'aristocratie épiscopale fait perfidement présenter par deux curés des objections qui, admises, rendraient vaine l'œuvre du 4 août.

L'un de ces curés demande si la sanction royale n'est pas indispensable pour consacrer les sacrifices de la noblesse et du clergé. Il prétend que *la dîme*, antérieure à la féodalité, ne saurait être confondue avec les droits seigneuriaux; qu'elle est, depuis Charlemagne, une « propriété sacrée », confiée à la garde du souverain, et que la nation, l'ayant consentie et consacrée dans les États généraux antérieurs, ne peut la contester; le seul pouvoir qu'ait l'Assemblée nationale, c'est, dit-il, « de forcer les détenteurs à en faire l'usage qu'ils doivent en faire. »

Le mieux serait, d'après l'autre curé, de distinguer les intérêts particuliers des intérêts généraux et de n'enregistrer dans la loi que « les abandons de privilèges des villes et des provinces. » Comment, ajoute-t-il, « asseoir une décision sur des propositions dictées par l'enthousiasme et sur des offres individuelles? » Nommons des commissaires pour l'étude des projets du 4 août!

Le président Chapelier, dominant un mouvement indigné des députés et des spectateurs, déclare que l'Assemblée nationale réprouve la pensée qu'on puisse revenir sur ce qui a été si glorieusement décidé.

Il faut pourtant, répliquent des ecclésiastiques, que toute proposition soit examinée en bureau avant d'être adoptée en séance publique.

Buzot traduit l'exaspération des patriotes et pose brutalement en principe que « les biens du clergé appartiennent à la nation. » Il adresse à l'épiscopat contre-révolutionnaire ce conseil menaçant : « Vous n'avez rien de mieux à faire qu'à sauver les apparences et à paraître faire spontanément tous les sacrifices que les circonstances vous imposent. »

Après les deux curés, les évêques ont découvert un noble qui, à son tour, réclame les trois délibérations ordinaires.

« Il ne faut pas trois jours pour accepter un bienfait ! » dit le comte de Montmorency. Le duc de Mortemar, crie : « Les trois jours sont observés ; n'avons-nous pas disputé le 4, le 5 et le 6 ? » Un autre duc, La Rochefoucauld-Liancourt, ajoute cordialement : « A quoi bon arrêter l'élan du patriotisme ? » Dès lors, personne de la noblesse ne prête appui à l'intrigue cléricale.

Le clergé prend honte de lui-même. L'évêque de Langres supplie l'Assemblée « de ne pas attribuer à son ordre entier le sentiment de quelques-uns de ses collègues ». Les évêques de Dijon et de Nîmes réitèrent « les sacrifices offerts à la nation. » Le plus grand nombre des curés à portion congrue répètent : « Tout nous est facile pour le bonheur de nos ouailles... Fussions-nous réduits à la misère, nous bénirions le moment où nous avons pu nous dépouiller de tout pour nos frères » (1).

Cependant l'abbé Gouttes, — futur évêque constitutionnel d'Autun, — sans plus parler des intérêts spéciaux à l'Église, signale des droits évidemment rachetables qui sont compris dans l'article 1er. L'évêque qui tient le siège qu'il occupera, Talleyrand-Périgord, présente un amendement ; un gentilhomme de Saintonge en dépose un autre. Le marquis de Foucault les combat, ils sont rejetés et l'on adopte la rédaction, très aggravée, d'Adrien Duport :

(1) V. le dernier chapitre du *Clergé de 89* par Jean Wallon, 1876.

« L'Assemblée nationale *détruit entièrement le régime féodal...* Elle décrète que tous les droits qui tiennent à la mainmorte réelle ou personnelle et à la servitude personnelle, et ceux qui les représentent, sont abolis sans indemnité » (1).

Le soir et très avant dans la nuit, les droits de chasse et de colombier sont discutés avec passion. Comme on essaie d'introduire, dans l'arrêté qui les concerne, une exception « en faveur des plaisirs du roi », Mirabeau intervient :

« Que le roi chasse dans ses domaines, comme tout autre propriétaire ! Tout homme a le droit de chasser sur son champ ; nul n'a le droit de chasser sur le champ d'autrui. Ce principe est sacré pour le monarque comme pour tout autre. »

L'exception royale est supprimée.

Le 7, Bonnefoy, chanoine de Thiers, député de Riom, se fait retirer la parole parce qu'il conteste les votes précédemment émis. Sous les huées est étouffée cette négation de l'omnipotence de l'Assemblée : « Il n'y a que ceux que Dieu a spécialement chargés de fixer les bornes du juste et de l'injuste qui aient l'autorité nécessaire pour prononcer sur le droit de propriété ! »

Le débat sur les arrêtés du 4 est interrompu par la présentation du nouveau ministère, réclamant un emprunt de trente millions. Le garde des sceaux, Cham-

(1) Wallon, p. 433.

pion de Cicé, archevêque de Bordeaux, expose que « les ennemis de la prospérité publique » entretiennent, dans les provinces, des troubles que peut seul comprimer l'accord de la volonté royale avec les intentions de l'Assemblée. Necker affirme que « le roi est disposé à concourir aux vues des représentants » ; solennellement il dit : « Réunissons-nous pour sauver l'État ! »

On discute aussitôt l'emprunt. Un obscur gentilhomme, le marquis de La Coste, reprend la motion de Buzot : Qu'il soit déclaré que les biens ecclésiastiques appartiennent à la nation ; que la dîme soit supprimée à partir de 1790 ; que les Ordres monastiques soient abolis !

L'indignation du haut clergé est dominée par l'éloquence de Lameth, proposant que les biens de l'Église servent de gage à l'emprunt. Néanmoins la question est réservée, et l'emprunt admis sans gage : ce qui le rendra impossible à couvrir.

Le soir, un rapport du curé d'Aurillac confirme ce qu'a indiqué le garde des sceaux touchant les désordres provinciaux. L'Alsace est en feu, annonce le rapporteur, qui accuse les vaincus du 14 juillet « d'entretenir le brigandage ». Il y a, conclut-il, urgence égale à réaliser l'emprunt et à publier les arrêtés du 4 août ; il faut armer l'autorité publique par la preuve de l'accord de l'Assemblée et du roi ; il faut rassurer les campagnes sur les intérêts dont l'indécision les exaspère.

Le 10, une longue défense des privilèges par le marquis de Thiboutot, député du pays de Caux, soulève un scandale équivalent à celui qu'avait causé la motion du chanoine Bonnefoy. Ensuite, la discussion s'engage à fond sur les dîmes. Le Franc-Comtois La Poule, par un grand discours, met l'épiscopat en fureur.

Mirabeau réfute toutes les objections : « La dîme n'est pas une propriété, elle n'est pas une possession ; ce n'est que le subside avec lequel la nation *salarie* les officiers de morale et d'instruction. » On murmure. L'orateur tonne : « Je ne connais que trois manières d'exister dans la société ; il faut être *voleur, mendiant* ou *salarié*. Le propriétaire lui-même n'est que le premier des *salariés*... Les propriétaires sont les agents, les économes du corps social... Quant aux dîmes, la nation les abolit parce qu'elles sont un moyen onéreux de payer la partie du service public à laquelle elles sont destinées, et il est facile de les remplacer d'une manière moins dispendieuse et plus égale. »

D'autre part, pour la première fois, lorsqu'encore ni le sort des ecclésiastiques ni la composition des municipalités ne sont fixés, l'Assemblée nationale, par-dessus la tête du roi et des ministres, se met en relations directes avec les curés de campagne, considérés comme agents de l'autorité. Elle expédie une proclamation, par laquelle les curés sont chargés d'employer, dans l'église même, en chaire, à la messe paroissiale, « l'influence de leur ministère pour rétablir la paix et la tranquillité publiques, pour ramener tous les citoyens à l'obéissance due à l'autorité légitime. »

Le meilleur commentaire de ce rappel à la loi serait la promulgation des arrêtés du 4 août. On le sait, et le 11, Ricard, député de Nîmes et Beaucaire, adresse aux opposants cette question amère : « Lorsque, le 4 août, le clergé se levait avec tant d'ardeur pour prononcer la suppression des droits féodaux, n'était-ce donc que pour édifier sa puissance sur la ruine des autres Ordres ? »

On est très irrité sur les bancs plébéiens, on rit parmi les nobles.

Les curés populaires font passer à la tribune « l'abandon complet des dîmes, dont la conversion serait onéreuse au peuple. » L'archevêque d'Aix, des abbés gros bénéficiers, s'empressent de contre-signer l'acte des curés.

Un ecclésiastique de l'Ordre de Malte, représentant du Tiers, élu à Saint-Quentin, Duplaquet, abandonne ses dîmes : Ce sont, s'écrie-t-il, ses seules ressources, mais « il s'en remet à la générosité de la nation, attendu qu'il est, quoi qu'en ait dit Mirabeau, trop vieux pour gagner un *salaire*, trop honnête pour *voler*, et qu'il a rendu des services qui doivent le dispenser de *mendier*. » Mirabeau donne le signal des applaudissements.

Le feu sacré du 4 août est rallumé. Au nom du clergé de Paris d'abord, puis de tout le clergé de France, Mgr de Juigné et le cardinal de La Rochefoucault, « remettent les dîmes entre les mains de la nation. »

Cependant des ecclésiastiques essaient de sauver au moins les annates, dispenses et droits divers, dont la

Cour de Rome tirait une vingtaine de millions (1).

Les arrêtés, en dix-huit articles, ne sont, avec rédaction définitive, adoptés que dans la nuit du 11 au 12 août. Et encore faut-il, dans la nuit suivante du 12 au 13, qu'aux observations de divers membres du clergé Camus coupe court en faisant adopter cet ordre du jour :

« Attendu qu'il a été reconnu que le mot *remplacement* (des dîmes) ne signifie point un fournissement égal et équivalent, mais seulement un traitement honnête et convenable, il n'y a lieu à délibérer. »

C'est fini? On le croit, car le détail de la sanction royale a été écarté, et, d'après les discours des ministres, il ne paraît pas qu'avec ou sans sanction la publication du grand décret puisse être entravée, ni même retardée.

(1) L'abbé Delbos (p. 353 du tome I de *l'Église de France*, ouvrage publié en 1848, avec l'approbation de l'évêque d'Agen) s'élève contre le « décret spoliateur des dîmes et des annates ». Ce droit d'annates, très ancien, était expressément consacré par l'article 19 du Concordat de 1517 entre Léon X et François Ier. Il était équivalent au revenu d'une année de tout bénéfice, pour lequel la nomination royale devait être complétée de la sanction pontificale. Réduit à la valeur de notre monnaie, il produisait, dit l'auteur ecclésiastique, environ 20 millions par an, représentant le dixième des vacances parmi les titulaires du clergé français. Car on sait, ajoute l'abbé Delbos, que le revenu approximatif annuel de l'Église de France, indépendant du Trésor royal, était de 200 millions.

XIII

Promulgation des arrêtés abolitifs.

Dès le 12 août, — sur la motion de Chasset, député des communes du Beaujolais, furent formés trois comités chargés de poursuivre l'abolition des droits féodaux, de régler les traitements à substituer aux dîmes, de créer les tribunaux destinés à remplacer les justices seigneuriales. Les moyens d'exécution assurés, il ne restait plus qu'à transmettre aux campagnes la loi qui devait apaiser leurs colères, étouffer leurs suspicions, et aussi procurer aux ci-devant propriétaires de droits féodaux la rentrée normale des redevances de l'année courante. Mais cela devint une difficulté nouvelle, d'autant plus grave qu'elle résultait d'un complot entre le haut clergé, la première émigration et la papauté, complot auquel se prêta trop aisément la dévote faiblesse de Louis XVI.

Arthur Young (1) se trouvait à Clermont-Ferrand le 12 août : « La grande nouvelle arrive à l'instant de Paris, raconte-t-il,... elle a été reçue avec la joie la plus enthousiaste par la grande masse du peuple, et en général par tous ceux que ne blesse pas directement l'abolition des droits féodaux. »

De toutes parts affluent vers la Constituante des adresses de félicitations et des renonciations individuelles, signées par des seigneurs généreux ou habiles. Un gentilhomme du Forez annonce, par exemple, qu'il vient de donner à ses censitaires quittance de tout ce qui peut lui être dû. L'évêque de Saint-Claude, dans une lettre dont l'impression est ordonnée (21 au soir), félicite l'Assemblée de ses actes du 4 et jours suivants, adhère à la proscription de la mainmorte, annonce qu'il a rendu « la plénitude de l'état civil » aux habitants du Mont-Jura. Il déclare, en outre, renoncer à sa haute justice, l'une des plus étendues du royaume ; il sollicite « la prompte création d'une justice royale, destinée à mettre le calme et à faire régner le bon ordre parmi une population de près de quarante mille âmes, placée sur la frontière » (2).

Au commencement du mois de septembre, le 11, Lally-

---

(1) *Voyages en France*, 1787-1789, éd. Guillaumin, p. 230.
(2) *Hist. parlem.*, t. II, p. 319.

Tollendal et l'abbé Maury, aussitôt le *veto* adopté, font remarquer que la première chose à soumettre à la sanction royale, c'est ce qui a été voté du 4 au 11 août passé.

— Soit, réplique Chapelier ; mais arrêtons les termes de la sanction, et que le président se porte vers le roi, afin de l'obtenir sans désemparer.

Ce qu'appuie Mirabeau, s'écriant : « Revenir sur les articles du 4 est un acte également irrégulier, impolitique et impossible... Aucun de nous, sans doute, ne veut allumer l'incendie, dont les matériaux sont notoirement prêts d'une extrémité du royaume à l'autre... Mars est le tyran, mais le droit est le souverain du monde... Du moment qu'il s'agit de maximes constitutionnelles le roi n'a plus le droit de s'opposer à leur déclaration... Nous attendons séance tenante la promulgation de nos arrêtés. »

La démarche est faite, mais Louis XVI ajourne sa décision. A la fin de la semaine, le 18, il expédie un message, dans lequel il « invite l'Assemblée à réfléchir si l'extinction des cens et des lods et ventes convient véritablement au bien de l'État. »

A l'archevêque d'Arles, chargé de solliciter « les lumières du ciel », c'est-à-dire de consulter le pape et les jésuites, il écrit en confidence : (1) « Je porte dans mon cœur tout ce qui a été fait dans cette séance où les pri-

(1) *Louis XVI peint par lui-même*, lettre 16, p. 74 à 187.

vilèges ont été sacrifiés. Le sacrifice est beau, mais je ne puis que l'admirer. Je ne consentirai jamais à dépouiller mon clergé, ma noblesse. Je ne donnerai pas une sanction à des décrets qui les dépouilleraient ; c'est alors que le peuple français pourrait un jour m'accuser d'injustice et de faiblesse. Si la force m'obligeait de sanctionner, alors je céderais. Mais alors il n'y aurait plus en France ni monarchie ni monarque ! »

Après la moisson arrive la vendange. Il y a des droits féodaux à percevoir partout. Beaucoup des paysans auraient payé une fois encore au vu de la loi abolitive, applicable l'année suivante. Mais il n'y a plus rien de certain. Si l'Assemblée a confirmé ses résolutions, elles n'ont cependant pas acquis force de lois. On ne les voit pas affichées à la porte de la maison commune, sur le mur de l'église. Les anciens juges royaux et seigneuriaux, qui siègent toujours, paraissent n'en avoir pas eu connaissance. Les agents fiscaux, qui n'ont pas bougé, multiplient les menaces sur papier marqué.

Donc le brûlement des châteaux recommence ; de plus en plus violemment, on force les seigneurs à signer des renonciations (1). Partout s'érigent des mais « où les paysans suspendent les insignes de la tyrannie féodale et fiscale, les girouettes des châteaux, les mesures de redevances injustement agrandies, les cribles

---

(1) Taine, II, 92-104.

qui triaient le grain au profit du seigneur, ne laissant passer que le rebut » (1).

Ce qui porte à son comble la colère rurale, c'est qu'on voit, dans certains villages isolés, les maîtres, surtout les ecclésiastiques, abuser de la religion et des influences féminines, se faire appeler « pères des pauvres » et forcer à signer les pétitions serviles en faveur de la conservation de la seigneurie et de ses droits. Un peu plus, si on les laissait jouer la comédie du moyen âge, ces doux maîtres n'obtiendraient-ils pas d'ignorants et de lâches les plus formelles revendications de servitude (2)? C'est pourquoi deviennent l'objet d'une générale et implacable fureur « ces parchemins, honte de la nature, contenant ces actes hypocrites, où l'on

---

(1) Michelet, I, 119-120.

(2) M. Taine (I, 43-46) cite quelques suppliques de paysans en faveur de leurs seigneurs, religieux surtout. Il les a tirées des Archives nationales, D XIX. Que n'a-t-il relevé les innombrables récriminations de la collection B III? — Du reste M. Taine n'est pas dupe des arguments que les ennemis actuels de la Révolution française tirent de son étrange ouvrage. S'il exagère « les jacqueries de 89 », il décrit aussi exactement que Michelet et Tocqueville les atroces misères du peuple sous l'Église, la noblesse et la monarchie de droit divin. — « On meurt de faim en France…. A la fin le troupeau écorché découvrira ce qu'on a fait de sa laine…. L'effroyable fantaisie des privilèges a fait naître l'égalité absolue, » écrit-il ici et là. — Il n'oublie pas de citer l'évêque de Nancy prêchant à Versailles, le 4 mai, à l'occasion des États-généraux : «Sire, le peuple sur lequel vous régnez… est un peuple martyr à qui la vie semble n'avoir été laissée que pour le faire souffrir plus longtemps ! » — Il a assez souffert, ce peuple, et à la fin il éclate en fureurs vengeresses. A qui la faute ? Ses maîtres, depuis plus de mille ans, ont oublié de le civiliser !

supposait l'homme ayant stipulé contre lui-même ; le faible, par peur ou par force, s'étant donné sans réserver rien, ayant donné l'avenir, ses enfants à naître, les générations futures » (1).

Les gardes nationales des villes, spontanément formées durant l'été, commencent à se fédérer. Elles assurent la circulation des blés, elles couvrent la fuite des châtelains menacés, mais elles ne vont pas rétablir l'ordre dans les campagnes. Ce n'est point leur affaire de défendre le régime féodal. Que la loi abolitive soit promulguée, que l'Assemblée nationale et le roi les chargent de faire respecter les propriétés et les personnes, elles sont prêtes : elles auront la force dès que l'accord des pouvoirs publics leur aura conféré le droit.

Les représentants, qui savent ce qui se passe en province, sont décidés à passer outre, malgré le roi. Louis XVI est obligé, le 20 septembre, d'ordonner la publication des arrêtés du 4 août ; il signe, de sa main, le « bon à tirer ».

L'imprimerie royale tire, mais « pas un exemplaire n'est expédié aux tribunaux, ni aux municipalités (2) ». Un mois s'écoule encore, et c'est seulement le 20 octobre que, par un décret spécial, la Constituante force l'envoi aux municipalités et tribunaux, avec transcription sur les registres, affichage sur les murs et lecture par les crieurs publics.

---

(1) Michelet, I, 241.
(2) Merlin. *Questions de droit*, au mot *féodalité*.

Comme il n'y a plus de résistance possible, et que d'ailleurs le vo'e de l'aliénation des biens du clergé supprime toute espérance de faire atténuer par l'Assemblée elle-même l'abolition de l'Ancien Régime, des lettres patentes du roi, en date du 3 novembre 1789, lèvent l'interdit jusqu'alors maintenu contre la promulgation des arrêtés destructifs de la féodalité.

XIV

Le dernier des serfs devant l'assemblée nationale.

Quelques jours auparavant (22-23 octobre) les serfs du Mont-Jura avaient envoyé l'un d'eux remercier l'Assemblée nationale « d'avoir adouci leur sort par ses décrets libérateurs » (1). Ils avaient choisi le plus vieux, le plus vénérable, Jean-Jacob, dont l'acte de baptême, déposé sur le bureau, portait qu'il était né de Charles-Jacques et de Jeanne Bailly, le 10 octobre 1669.

Devant ce doyen du genre humain, qui désirait « voir ceux qui avaient dégagé sa patrie des liens de la servitude », les Constituants se levèrent tous sur la proposition de l'abbé Grégoire. Députés et spectateurs applaudissaient et pleuraient en voyant s'avancer vers la barre,

(1) *Archives parlementaires*, IX, 476.

sur des béquilles, aveugle, conduit par sa fille et l'un de ses neveux, le dernier des serfs de France.

Nairac (de Bordeaux) expliqua que ce vieillard, « conservé par la nature pour être témoin de la régénération de sa patrie, avait constamment rempli ses devoirs de citoyen utile jusqu'à l'âge de cent cinq ans. » Une souscription fut ouverte pour compléter la pension de deux cents livres que lui faisait le gouvernement et procurer « à sa famille un précieux héritage ».

Bourdon de la Crosnière, le futur conventionnel, qui venait de publier un *Mémoire sur l'instruction et l'éducation nationales* (1) réclama Jean-Jacob pour l'école patriotique où, inspirant par sa présence le respect de la vieillesse, ce mainmortable affranchi « serait servi par les jeunes élèves de tous rangs et surtout par les enfants dont les pères avaient été tués à l'attaque de la Bastille. »

Une plaisanterie du vicomte de Mirabeau écarta la motion : « Faites pour ce vieillard ce que vous voudrez, mais laissez-le libre ! »

Au bout d'une heure, le président, Fréteau, dit au vieillard assis devant le bureau : « L'Assemblée craint que la longueur de la séance ne vous fatigue et vous engage à vous retirer. Elle désire que vous jouissiez longtemps du spectacle de votre patrie devenue entièrement libre. »

---

(1) In-8°, 1789.

Ce dernier des serfs mourut au mois de décembre. Il ne vit que l'aurore de la liberté; car la servitude ne fut expressément abolie qu'en mars 1790 (¹).

(1) La Bibliothèque nationale (L.° 27, 10116) possède une brochure intitulée « Vie de Jean Jacob, vieillard du Mont-Jura, âgé de 120 ans, pensionné de Sa Majesté, à laquelle il a été présenté depuis peu ainsi qu'à l'Assemblée nationale » (in-8°, 8 pages). A la fin on lit : « Le patriarche, sa fille, son neveu et un chirurgien de son pays sont tous logés près la Comédie-Italienne, rue de Marivaux, n° 7, à l'entre-sol. » Ce qui donne à penser que l'auteur de la brochure, « M. Jean Pitou, rue du plâtre Saint Jacques, » montrait le dernier serf aux curieux de Paris.

Du reste la biographie ne contient rien de remarquable si ce n'est que « beau comme l'amour, chaste comme Joseph, cet honnête paysan ne voulut jamais de plaisir illicite..... Il eut deux femmes qu'il pleura beaucoup; il avait 119 ans lorsqu'il perdit la dernière, avec laquelle il avait vécu 56 années. De douze enfants qu'il avait eus il ne lui en restait que trois, dont deux garçons et une fille..... cette dernière, exemple de piété filiale... »

XV

Suppression définitive de la mainmorte et de tout ce qui en dérive.

La promulgation des arrêtés du 4 août, faite beaucoup trop tard, ne produisit pas l'effet d'apaisement qui en fût résulté trois mois auparavant. La vendange avait passé après la moisson, et les paysans, qui s'étaient abstenus de payer en nature, encore moins voulaient s'acquitter en argent. Les agents des seigneurs, armés de la loi qui n'était point abolitive pour 1789, s'acharnaient aux procédures, tenant à faire opérer des paiements effectifs quelconques. Les reçus ne pourraient-ils pas servir à prouver la légitimité des redevances, à la place des titres brûlés, pour le cas où se produiraient les circonstances préparées par l'émigration, la papauté et la royauté, de concert avec les puissances européennes, qui commençaient leurs préparatifs militaires dans le but de comprimer la rébellion française?

Les troubles, loin de s'apaiser, s'aggravent au mois de février 1790. De ceux de Bretagne l'Assemblée est avertie par Lanjuinais : « Les arrêtés du 4 août ont été le signal de toutes les vexations féodales. On a multiplié les exécutions pour le paiement des rentes arriérées ; on a exigé les corvées féodales, les assujettissements avilissants... On a intenté quatre cents procès au sujet des moulins seulement... Les meules des moulins à bras, moyen unique de subsistance du pauvre, ont été brisées avec violence. » De tous côtés et par la voix du très honoré duc de La Rochefoucauld-Liancourt, on constate que « l'incertitude du peuple sur les droits féodaux est la cause principale des insurrections » (1).

Merlin (de Douai) se hâte de déposer son rapport relatif à la féodalité qui doit être supprimée sans rachat. Il y explique que les arrêtés d'août :

1° Suppriment le régime féodal ;

2° Anéantissent les mainmortes ;

3° Déclarent rachetables les droits susceptibles d'avoir pour origine une convention légitimable ;

4° Abolissent les justices seigneuriales.

« On n'a pas entendu, dit-il, dépouiller de leurs possessions les propriétaires de fiefs... Mais on a changé la nature de ces biens ; ils ont cessé d'être des fiefs et sont

(1) *Hist. parlem.*, IV, 323, 366, 371.

devenus de véritables alleux. » De ce que la nature des biens est unifiée il résulte qu'il n'y a plus de distinctions entre les personnes, plus de privilèges de masculinité ni d'aînesse entravant l'égalité naturelle des successions.

Le titre I du projet dressé conformément au rapport détaillé, comme supprimés absolument, les droits suivants : mainmorte personnelle, réelle ou mixte ; servitude d'origine, personnelle, réelle de corps, poursuite réelle ; corvées personnelles ; prohibitions quelconques de domicile ; et tous les effets que ces droits entraînent sur les personnes et sur les biens.

Le droit de franc-fief et les taxes seigneuriales de mutation avaient été définitivement abolis le 19 novembre 1789.

Le 24 février 1790 furent anéantis les droits féodaux honorifiques.

Le 25 disparut la nobilité des terres et fut établie l'égalité des successions.

Le 26 et le 27 on discuta sur la mainmorte. Deux députés de Franche-Comté, bailliage d'Amont, Muguet de Nanthou et Cochard, démontrèrent surabondamment qu'elle ne provenait pas d'une concession de fonds, qu'elle avait été établie par violence, maintenue par falsification d'actes et par jurisprudence intéressée. Populus fit ressortir l'énormité de la domination du chapitre de Saint-Claude étendant la mainmorte sur cinquante lieues carrées de superficie.

Le 1er mars fut complété l'anéantissement de la servitude, et le 5 finit le classement des tailles et corvées, banalités, services et redevances d'origine mainmortable.

Le décret général du 15 mars, qui consacra toutes ces abolitions et y ajouta la « défense de créer à l'avenir des rentes foncières non rachetables, institua l'*unité de la propriété privée* (1). S'il subsistait des droits réels ou fonciers à racheter, ils n'étaient plus considérés que comme clause de contrats ordinaires ne pouvant établir aucune inégalité entre les contractants. Toute distinction, jusqu'aux titres et armoiries, disparaissait bientôt. Il ne restait plus en France que des terres toutes *nobles*, que des citoyens égaux et libres.

(1) Laferrière, II, 115.

XVI

Résistances cléricales et monarchiques.

Ce même mois de mars, le 9, cédant aux obsessions de l'épiscopat féodal, Pie VI déplorait en consistoire « les maux de la France, où les non catholiques allaient être admis à tous les emplois » ! Cependant, n'étant pas sûre encore de l'appui de l'Europe, Sa Sainteté n'insistait pas sur le reste des hérésies révolutionnaires ; avec l'apôtre elle s'écriait : « Il y a un temps pour se taire et un temps pour pleurer ! »

Un peu plus tard, lors de l'adoption de la Constitution civile du clergé, si Louis XVI implorait les conseils apostoliques, le prudent pape le renvoyait aux avis des deux archevêques ministres, de Pompignan et Champion de Cicé.

L'épiscopat français se trouvant divisé en dix-huit

prélats qui acceptaient le nouveau régime et trente qui réclamaient les foudres de Rome contre les autres, Pie VI hésitera jusqu'au moment où la coalition impériale-royale, prête à envahir la France, aura besoin d'y susciter la guerre religieuse et civile : alors le souverain pontife excommuniera les prêtres assermentés, *les intrus*, et lancera son fameux *Bref* du 10 mars 1791.

Au mois de juillet 1790, à la veille de cette grande journée de la Fédération, où il va falloir que le roi, en présence de son peuple libre, monte à l'autel de la patrie et, d'un serment personnel, ratifie la Révolution, Louis XVI adjure de nouveau Rome de calmer sa conscience en l'autorisant à temporiser.

Il lui est très durement répondu par Pie VI : « Votre Majesté nous a juré de vivre et de mourir dans notre communion, et ce serment qui faisait notre consolation, sera, maintenant que vous êtes dégénéré de vos aïeux, défenseurs intrépides de la foi, votre constant remords » (1).

On sait comment agit le monarque abandonné du ciel : il balbutia le serment civique, feignit d'accepter la Constitution, et n'apposa son *veto* qu'aux lois touchant en particulier l'Église. Ses multiples capitulations de conscience rendirent ses dernières résistances d'autant plus funestes qu'elles se produisaient juste au moment où l'Europe monarchique entrait en lutte ouverte avec

---

(1) J. Wallon, I, p. 488-489.

la France. Elles valurent le 20 juin, le 10 août 1792, le 21 janvier 1793, à celui qui aurait pu si aisément et si glorieusement rester dans l'histoire, comme l'avait proclamé l'Assemblée constituante, *le restaurateur de la liberté française.*

Ceux dont les mauvais conseils ont perdu Louis XVI ont prouvé qu'il y a incompatibilité entre les idées de 89 et les dogmes du moyen âge, et qu'il y a solidarité entre l'ultramontanisme et le régime féodal.

Cette incompatibilité et cette solidarité, doctrinalement établies par les Joseph de Maistre, les Bonald et les Crétineau-Joly, forment, depuis le dernier concile du Vatican, le fond de la politique des jésuites, maîtres du catholicisme sous le pseudonyme d'un pape infaillible.

La lutte contemporaine, sous prétexte de liberté d'enseignement, ne vise à rien moins, — comme cela s'est prêché dans les congrès cléricaux et même dans les cathédrales le mois d'octobre dernier, par la voix de l'évêque d'Angers, comme cela s'enseigne couramment dans les facultés catholiques, — qu'à « extirper la Révolution et abolir 89 ».

Réaction utopique. Il ne s'agit pas seulement de saisir le pouvoir et de l'employer à opprimer la génération présente, à pervertir les générations futures. Il faudrait, en outre et préalablement, obtenir le consentement tacite de la majorité des Français à la suppression annoncée de tout ce qui constitue la France nouvelle.

Ce n'est pas un démagogue, c'est M. Guizot (1) qui a écrit :

« On peut remonter le cours de notre histoire et s'y arrêter où l'on voudra, on trouvera partout le régime féodal considéré par la masse de la population comme un ennemi qu'il faut combattre et exterminer à tout prix... Depuis sa naissance jusqu'à sa mort, aux jours de son éclat comme de sa décadence, le régime féodal n'a jamais été accepté par le peuple. »

Il n'y a plus, en France, un cultivateur, pas une motte de terre qui ne frémisse en se le rappelant. De génération en génération, notre paysan se transmet l'horreur de l'ancien régime. Les restaurations catholiques et aristocratiques, avec le drapeau blanc et la croix pour emblèmes, sont à jamais impossibles chez nous, parce que la logique, — d'ailleurs avouée par les conspirateurs de ces folies, — fait voir au bout : d'un côté, le massacre de la Saint-Barthélemy commandé par un roi, et, de l'autre, la servitude du Mont-Jura conservée plus de mille ans par des moines et des prêtres !

(1) *Essai sur l'hist. de France*, p. 341.

XVII

Les fédérations rurales en 1790.

Aussi longtemps que se parlera la langue française vivront les pages que J. Michelet a consacrées aux fédérations de 1790 (1). En aucune partie de son œuvre nationale le grand patriote n'a mieux compris, mieux interprété la patrie. Plus l'érudition creuse le détail des innombrables manifestations dont il a dramatisé l'ensemble, plus éclate l'exactitude des faits dont il a présenté, sous une forme immortelle, la synthèse cordiale.

On y pourrait ajouter des preuves; on n'en changera pas une ligne. « L'Histoire est une résurrection », a-t-on gravé sur la tombe de Michelet. Il a très réellement

(1) Fin du t. 1er de son *Hist. de la Révolution*.

ressuscité l'immense mouvement de la France, arrachée à cette féodalité qui semblait ne devoir jamais finir, et, pour la première fois se sentant vivre, d'un bout du territoire à l'autre, une, égale et libre.

Ce mouvement, auquel rien n'est comparable, en aucun temps, chez aucun peuple, a duré une année entière, du 14 juillet 1789 au 14 juillet 1790.

D'abord, comme Paris s'était armé, on s'arme tumultueusement dans les villes, dans les campagnes, et l'on se met sur la défensive vis-à-vis des ennemis inconnus, et connus, les « brigands », les « aristocrates ». On s'entend bientôt, entre cités et de chef-lieu à village, pour se garantir la nourriture, protéger la circulation des blés.

Tant que l'abolition de la féodalité n'est pas promulguée, les gardes nationales rurales chassent les seigneurs, que les gardes nationales citadines recueillent, sans prendre parti pour eux.

La résistance des parlements à la Constituante est brisée par de grandes fédérations provinciales, comme celle de Pontivy, en janvier, dans laquelle cent cinquante mille Bretons et Angevins s'engagent à résister aux « ennemis de la loi » et s'écrient avec une générosité sublime : « S'ils deviennent de bons citoyens, nous leur pardonnerons ! »

Déjà, fin novembre, au bourg d'Étiole, quatorze communes du Dauphiné s'étaient fédérées, affirmant l'unité de la patrie.

En décembre, elles se joignent aux communes du Vivarais, de la Provence et du Languédoc. Tous les fédérés se jurent qu'ils sont Français et qu'ils vont, en conséquence, se faire passer les grains de main en main, par la route du Rhône.

A Valence, en février, dix mille gardes nationaux des villes, et à la Voulte (Vivarais), cent mille paysans s'associent de même pour la défense commune, l'ordre et la liberté.

Depuis plusieurs mois les quatorze villes de Franche-Comté se sont associées et contre les menées aristocratiques et contre les violences des paysans, qui, dans la plaine, brûlaient cent châteaux à la fois. Saint-Claude et son chapitre s'étaient mis à l'abri des vengeances par l'adhésion épiscopale à l'affranchissement du 4 août.

Les patriotes francs-comtois donnent la main à ceux d'Alsace et à ceux de Lorraine, dont la fédération générale s'opère, le 7 mars, sur la montagne Sainte-Geneviève, près Nancy, au cri de ralliement : « l'union et la France ! »

La Champagne fait sa fédération au printemps.

La demande d'une fédération nationale à Paris parvient en même temps de Bretagne et de Gascogne aux Constituants qui en fixent la date au premier anniversaire de la prise de la Bastille.

Les municipalités et les nouveaux tribunaux créés,

les fédérés fournissent les treize cent mille fonctionnaires dont le nouveau régime a immédiatement besoin (1).

Les fédérations n'en continuent pas moins, étouffant, aux mois de mai et de juin, les premières tentatives de guerre religieuse et civile à Nîmes, à Tréguier, partout arrêtant les pillages et désordres. Elles n'ont plus rien à faire, si ce n'est, comme dit Michelet, « à s'aimer. »

En juillet, peu avant ou pendant la grande fédération parisienne, — où la France embrasse la France et fonde, pour le genre humain, la société démocratique, — une incommensurable farandole, à travers toutes les barrières brisées de caste et de localité, entraîne les Français vers les Français, pour se reconnaître et pour célébrer, en pleine égalité, la liberté pure.

Si l'ancien culte, avec lequel les populations ne demandent pas mieux que de faire accorder la vie nouvelle, est admis aux fêtes, souvent les préside, il s'y mêle de superbes fantaisies hétérodoxes, idolâtriques.

(1) Lors de la réorganisation judiciaire et de l'élection des nouveaux juges, la reconnaissance des citoyens du Mont-Jura envers le plus actif de leurs libérateurs se manifesta par la nomination du député Christin à la présidence du tribunal de Saint-Claude. Il accepta et dès lors il paraît être sorti de la vie politique. On ne retrouve plus sa trace à travers la Révolution. Il périt en juin 1799 dans le grand incendie qui détruisit la majeure partie de sa ville natale et dévora avec lui les précieux matériaux qu'il avait rassemblés pour écrire l'*Histoire de la Franche-Comté*.

C'est généralement au milieu des champs qu'est dressé l'autel de la patrie. Dans les contrées où se trouvent des protestants et des catholiques on obtient la réconciliation publique du pasteur avec le curé. Mais, le plus souvent, ce n'est ni un ministre de la religion, ni un personnage de qualité qui conduit le cortège où se mêlent les sexes, toutes les conditions et tous les âges.

C'est le plus vieux du pays et, sur l'autel, c'est le nouveau-né que sa mère dépose au milieu des fleurs, en prêtant pour lui, comme pour elle-même, le serment civique.

Les derniers serfs, dont nous venons de raconter l'affranchissement, ont joué dans les fédérations un rôle des plus beaux, se distinguant par les inspirations poétiques et les nobles élans.

A Dôle, le feu sacré où le prêtre devait brûler l'encens fut, au moyen d'un verre ardent, extrait du soleil par la main d'une vierge.

A Lons-le-Saulnier, la population assise aux tables communes acclama ce toast: « A tous les hommes ! A nos ennemis même, que nous avons juré d'aimer et de défendre ! »

Au sommet du Jura, dit Michelet (1) « c'était l'étonnement, le ravissement de la délivrance, de se voir exaltés de la servitude à la liberté, *plus que libres*, ci-

---

(1) P. 476-477.

toyens ! Français ! supérieurs à toute l'Europe ! » Et l'on fondait un anniversaire de « la sainte nuit » du 4 août.

Nuit sainte, en effet. Car les destructions qui s'y sont accomplies étaient si justes qu'aucune ruse n'a réussi à les atténuer ; aucune force ne les réparera jamais !

XVIII

Extirpation des derniers vestiges de la féodalité.

Exécutant les arrêtés de cette nuit, qui sera admirée et fêtée dans mille ans comme le plus noble instant de l'évolution humaine, l'Assemblée constituante essaya, avec une probité, une délicatesse inouïes, de distinguer parmi les droits féodaux : les iniquités et les ignominies injustifiables, d'une part, et, d'autre part, ce qui pouvait passer pour contrat acceptable s'il avait pu être librement consenti.

Le décret des 15-28 mars 1790 abolit, sans indemnité, « toutes distinctions honorifiques, de supériorité, de puissance, résultant du régime féodal. » Il déclara, au contraire, « rachetables et devant être perçus jusqu'au rachat effectué, tous les droits et devoirs féodaux et censuels utiles, qui étaient le prix et la condition d'une concession primitive des fonds. » De telle sorte que, explique Championnière (1), d'un côté le roturier se trouva « affranchi pour la première fois des liens de la victoire imposés par Jules César, » et que, d'un autre côté, « si les droits découlant de la justice seigneuriale avaient disparu, ceux dérivant du fief subsistaient civilement en changeant de caractère. »

A diverses reprises (2), la Constituante essaya de faire payer les dîmes et autres droits rachetables mais non rachetés. Le paysan, ne sachant ni ne voulant distinguer, s'obstina généralement à ne plus solder les anciennes redevances.

La Législative fut obligée de restreindre le champ du rachat forcé; par des décrets divers, dont le principal est celui des 25-27 août 1791, elle supprima une foule de droits classés d'abord parmi les rachetables et ne maintint l'exigibilité du paiement que pour les droits « résultant d'une concession primitive de fonds, justifiée par l'acte primordial. »

Néanmoins, quoique réduite, subsistait la distinction entre la féodalité « dominante » et la féodalité « contractante ». Le cultivateur persista à ne pas vouloir comprendre.

Enfin, les 17-18 juillet 1793, la Convention décréta la suppression totale des redevances ci-devant seigneu-

---

(1) *Baux courantes*, introd. et p. 710.
(2) 18 juin, 1er décembre 1790; 5 avril 1791, etc.

riales ; elle n'admit d'exception que « pour les rentes et prestations purement foncières et non féodales. »

En tête de sa grande loi sur « la police rurale, les droits et usements ruraux » (votée le 28 septembre et promulguée le 6 octobre 1791), la Constituante avait déclaré :

« Le territoire de la France, dans toute son étendue, *est libre comme les personnes qui l'habitent;* ainsi toute propriété territoriale ne peut être assujettie envers les particuliers qu'aux redevances et aux charges *dont la convention n'est pas défendue par la loi*, et envers la nation qu'aux contributions publiques, établies par le Corps législatif. »

Ce qui avait consacré l'*allodialité* de toutes les terres, la *noblesse* de tous les habitants (1), comme il avait été demandé dans les cahiers. Toutes les traditions soit de *conquête*, soit de *grâce* étaient effacées ; il n'y avait plus ni *Francs*, ni *Gaulois* ; il n'y avait qu'une espèce de propriété, qu'une sorte de citoyens dans la nation une. Cela étant, en droit, comment l'ancien serf ou censitaire se fût-il persuadé devoir désormais n'importe quoi à l'ancien seigneur ?

Au milieu de la bataille colossale de la France nouvelle contre toute la vieille Europe, la Convention nationale se divise jusqu'à s'exterminer elle-même ; sur des faits et aussi sur des principes elle se contredit souvent, de la veille du 31 mai au lendemain du 9 thermi-

---

(1) Championnière, 717.

dor. Mais il est un point sur lequel elle ne varia pas et se retrouva toujours unanime : la destruction radicale des derniers vestiges de la féodalité, l'extirpation à fond des germes qui auraient pu en produire la renaissance.

Par son décret de juillet 1793, elle ratura tout ce que la Législative et la Constituante avaient réservé de rachetable.

D'ailleurs, où étaient alors les ci-devant seigneurs ? A l'armée de Condé, qui avait introduit l'Allemand jusqu'à Valmy ! Dans la chouannerie, qui avait ouvert nos ports de l'Atlantique à l'Anglais ! N'était-il pas juste d'exproprier les traîtres? N'était-il pas politique de susciter d'innombrables défenseurs à la patrie en multipliant les propriétaires ?

Lors de la levée en masse, Saint-Just professait, dans son rapport du 8 ventôse an II : « Celui qui s'est montré l'ennemi de son pays n'y peut être propriétaire. Celui-là seul y a des droits qui a coopéré à l'affranchir. »

Les instructions données aux généraux poursuivant les ennemis hors de France, dès décembre 1792, portaient « qu'à mesure qu'ils pénétreront dans une contrée étrangère, ils devront supprimer toutes les autorités établies par les tyrans, abolir les impôts, les droits d'entrée et de sortie, de pêche et de chasse, les corvées, la dîme, la féodalité, toute corporation nobiliaire et sacerdotale. » Cambon, rapporteur, s'était écrié : « Déclarez solennellement aux peuples que vous ne traiterez jamais avec leurs tyrans, et que nous périrons tous plutôt que de capituler avec les oppresseurs du peuple... *Guerre aux châteaux, paix aux chaumières !* »

Cette fulgurante devise de la Nuit française du 4 août étendue au monde provoqua les annexions enthousiastes qui, de la mer du Nord, tout le long du Rhin, jusque par-delà les Alpes, multiplièrent un instant les républiques, et semèrent, au cœur de la vieille Allemagne, d'indestructibles germes d'égalité (1).

(1) Ch.-L. Chassin, *l'Armée et la Révolution*, in-18, 1867, p. 152, 153, 217.

XIX

La propriété libre.

La Convention poussa la logique patriotique et révolutionnaire au point de rendre la lâcheté et l'inintelligence incapables de laisser restaurer jamais n'importe quel droit féodal ou « mélangé de féodalité. »

Elle confirma la maxime qui, du Code rural de notre première Assemblée nationale, a passé dans le Code civil (art. 815) : « Nul n'est tenu de rester dans l'indivision. »

Elle proscrivit avec fureur tout ce qui pouvait rappeler à l'esprit, aux yeux, un régime abhorré. Elle alla jusqu'à décréter, le 24 vendémiaire an II : « Les plaques de cheminée portant des signes de féodalité seront retournées. »

Elle ordonna le dépôt au greffe de toutes les municipalités des « titres constitutifs ou recognitifs des droits supprimés » et leur brûlement total, à la fête du 10 août, « en présence du conseil général de la commune et de tous les citoyens. »

Mais, s'apercevant vite que cette destruction ravirait à l'histoire la justification même de l'anéantissement du régime féodal et monarchique, elle l'arrêta par décret du 11 messidor an II. Seulement, le 8 pluviôse, commandant la confection d'un « Grand-Livre des propriétés territoriales », elle interdit expressément aux notaires, à tous officiers publics « d'insérer dans les actes des clauses tendant à rappeler d'une manière directe ou indirecte le régime féodal ou nobiliaire et la royauté ».

Elle avait proclamé, le 7 septembre 1793 :

« Aucun Français ne pourra percevoir de droits féodaux et de redevances de servitude en quelque lieu de la terre que ce puisse être, sous peine de dégradation civique. »

Elle avait, le 16 pluviôse an II, aboli d'enthousiasme l'esclavage des nègres. Dans la déclaration des droits qui précédait la Constitution du 5 fructidor an III, elle inscrivit :

Art. 15. — « Tout homme peut engager son temps
» et ses services, mais il ne peut se vendre ni être vendu :
» sa personne n'est pas une propriété aliénable. »

Ce qui est resté dans notre Code civil (art. 1780) sous cette forme :

« On ne peut engager ses services qu'à temps ou
» pour une entreprise déterminée ».

Tel est l'obstacle insurmontable opposé par les Assemblées révolutionnaires au rétablissement de la servitude ; tel est le couronnement de la métamorphose sociale, dont l'abolition de la mainmorte avait été la base.

Louis XVIII, rentrant avec les émigrés et grâce aux victoires de la coalition étrangère, avait beau dater la Charte de 1814 de la dix-neuvième année de son règne : il était forcé de consacrer à son tour l'abolition des droits féodaux et des privilèges nobiliaires, de reconnaître comme inviolable la propriété nouvelle, une et égale pour tous.

Revenu aux Cent-Jours et promulguant, le 22 avril 1815, « l'Acte additionnel aux constitutions de l'empire, » Napoléon répétait, à l'article LXVII et dernier, « l'interdiction formelle au gouvernement, aux Chambres et aux citoyens » de proposer le rétablissement « soit de l'ancienne noblesse féodale, soit des droits » féodaux et seigneuriaux, soit des dîmes, soit d'aucun » culte privilégié et dominant », ni rien « de nature à » porter atteinte à l'irrévocabilité de la vente des do» maines nationaux. »

La « Chambre introuvable » de Louis XVIII, pour la seconde fois restauré, réintégra les anciens propriétaires dans les biens nationaux « non vendus »; Charles X fit voter le fameux « milliard des émigrés ». Mais la Révolution de 1830 coupa court à tout autre fol essai de reconstitution de la société détruite.

Les utopistes qui, au lendemain d'une troisième invasion, ont repensé à l'ancien régime, se sont heurtés et se brisent contre la pierre posée par 89 entre la société qu'ils regrettent et celle où nous vivons. Ce granit est devenu la base de notre sol; il est, comme l'antique et féodal esclavage, « adhérent à nos os; » indestructible combinaison du droit stoïcien de Rome avec le droit humain de la Révolution française.

PIÈCES JUSTIFICATIVES

ET ÉCLAIRCISSEMENTS

PIÈCES JUSTIFICATIVES

ET ÉCLAIRCISSEMENTS

N° 1.

LES DOLÉANCES DU MONT-JURA

Très humbles et très respectueuses doléances des habitants du Mont-Jura au Roi et aux États généraux.

Sire,

Des possesseurs de fiefs, la plupart ecclésiastiques, s'obstinent malgré vos invitations paternelles, à retenir dans les chaînes de la servitude plus d'un million de Français.

Les suppliants sont du nombre de ces malheureux serfs. Ils ont pour seigneurs M. l'évêque de Saint-Claude et le chapitre de sa cathédrale; le premier plus recommandable encore par ses vertus et ses qualités personnelles que par sa dignité et sa haute naissance, leur a souvent témoigné, que sa plus douce satisfaction serait d'abolir la mainmorte dans ses terres; mais comme elles sont communes avec son chapitre, il n'a pu, sans le concours de ses chanoines, suivre cette généreuse impulsion.

Ce noble chapitre vous disait, Sire, en 1781, que, « répondant
» à vos invitations, il allait par un esprit de conciliation et
» surtout par une respectueuse déférence aux désirs de Votre
» Majesté, rendre la liberté à ses mainmortables, moyen-
» nant un léger cens pareil à celui fixé dans vos domaines »(1).

Nous nous empressâmes d'accepter cette offre et, par un même esprit de conciliation, de nous soumettre à la redevance d'un sol par arpent de terre cultivable. Les actes qui contenaient cette soumission furent adressés dans le temps à votre ministre des finances.

Nous nous réjouissions de rentrer dans les droits qui appartiennent à tous les hommes. Pouvions-nous nous douter que des prêtres et des gentilshommes manqueraient à la parole qu'ils avaient donnée à Votre Majesté, à la promesse qu'ils nous avaient faite à la face de l'Europe?

Vain espoir! malgré une promesse solennelle, malgré l'acceptation que nous en avions faite, malgré le contrat formé, par ce moyen, entre eux et nous, ils nous retiennent toujours dans la servitude.

Sire, nous n'avons plus de ressources et d'espérance qu'en la protection et la justice de Votre Majesté. La coutume de Franche-Comté qui autorise les injustices et les vexations, contre lesquelles nous réclamons depuis si longtemps, ne fut approuvée par l'un de vos prédécesseurs, en 1459, que sous la réserve expresse, pour « lui et ses successeurs, comtes de
» Bourgogne, de pouvoir corriger, amender, réformer et

(1) Compte rendu de M. Necker de 1781, p. 99.

» interpréter lesdites coutumes, toutes et quantefois qu'il nous
» plaira et que besoin sera. »

Que Votre Majesté daigne jeter les yeux sur les dispositions contenues sous le titre 15 de cette coutume et elle jugera si les règles imprescriptibles de l'équité, si les bonnes mœurs et le bien de l'État n'en sollicitent pas la révocation. L'article premier accordait le privilège de l'imprescriptibilité à la servitude de corps, mais cette disposition a été réformée par l'édit du mois d'août 1779. L'article 2 veut que l'homme franc qui va *demeurer* en lieu de mainmorte et y prend meix », devienne mainmortable pour lui et sa postérité à naître. Il semble que cet article n'assujettisse à la servitude l'homme libre qui va habiter un lieu de mainmorte, que dans le cas qu'il reçoive du seigneur un *meix* c'est-à-dire une maison avec quelques arpents de terre cultivable, la coutume regarde ce meix comme le prix de sa liberté ; mais les commentateurs et les tribunaux, plus rigoureux que ce texte, ont décidé que l'homme libre contractait la servitude par la seule résidence d'une année et un jour dans la seigneurie mainmortable, quand même il n'y aurait point acquis de propriété et qu'il n'y aurait occupé qu'une maison louée. (1) De là l'étranger qui viendrait établir quelque manufacture parmi nous ou enseigner une profession utile à nos enfants, s'il y résidait une année entière, deviendrait serf *ipso facto*. La loi Gombette était bien moins barbare : loin de repousser les étrangers par une semblable disposition, elle défendait sous peine d'amende, d'attenter à leur liberté : « Quæcumque persona de
» alia regione in nostram venerit et ibi voluerit habitare,
» habeat licentiam ; et nullus eam ad servitium, aut per se
» adjicere presumat, aut a nobis petere conetur » (2). L'article

---

(1) *Legib., burg. addit.* 2, art. 5.
(2) *Traité de la mainmorte*, chap. 2, sect. 3, dist. 2.

3 porte que l'homme franc qui épouse la fille d'un serf et va demeurer en lieu de mainmorte dans la maison de sa femme ne contracte pas la servitude, si, pendant la vie de cette femme, ou dans l'année de sa mort, il abandonne au seigneur la maison et les terres qu'elle possédait au même lieu ; mais l'article ajoute que, s'il meurt dans ce lieu, lui et les enfants qui y sont nés seront réputés mainmortables. Le bon sens ne semble-t-il pas dire, que si ce mari venait à mourir dans ce lieu avant sa femme, sa liberté ne serait pas perdue, puisqu'il serait mort dans un temps où la coutume lui permettait encore de quitter ce lieu, sans contracter la servitude ? Cependant les arrêts ont jugé que, sa femme vivante ou morte, si le mari mourait après y avoir résidé un an et un jour, il serait censé mort esclave et que cette tache s'étendrait à toute sa postérité.

Ce malheureux père n'a qu'une ressource pour épargner cet opprobre à ses enfants ; c'est, lorsqu'il tombe malade, de se faire arracher de son lit et transporter à travers les rochers et les précipices, dans une terre libre pour y rendre le dernier soupir.

Cette périlleuse précaution prise dans l'accès de la fièvre a causé la mort à plus d'un père. Le parlement a jugé deux fois que cet expédient avait sauvé la liberté à des enfants, mais le dernier commentateur de la coutume (1), dont l'opinion est d'un grand poids au bureau de Besançon, prétend qu'en cette occasion les juges ont été trop indulgents, et peut-être que, si la même question se représentait, la même cour la jugerait autrement. L'article 9 déclare que la fille libre qui épouse un serf est réputée être de la même condition, pendant la vie de son mari, et que, mourant dans l'habitation de celui-ci, sa dot et tous ses biens seront dévolus au seigneur,

---

(1) *Traité de la mainmorte*, chap. 2, sect. 8 dist. 2.

si elle ne laisse point d'enfant, ou si, en ayant laissé, ils s'étaient séparés d'elle. Pourra-t-elle du moins échapper à ce malheur, si dans sa dernière maladie elle va mourir dans une terre libre? Les commentateurs sont partagés sur cette question (1), et l'opinion favorable à la servitude a été adoptée par un arrêt rendu au parlement de Besançon, le 4 avril 1715, en faveur des moines de la charité, contre les frères de la nommée Verdoz. La fille libre perdant sa liberté en épousant un mainmortable, par la raison que la femme suit la condition de son mari, la fille mainmortable qui épouse un homme libre devrait, par la même raison, acquérir une pleine liberté; mais l'art. 5 ne l'affranchit qu'à l'égard des acquêts de meubles ou héritages faits en lieu de franchise ; en sorte que si, au temps de sa mort, les enfants ne demeurent pas avec elle, le seigneur héritera, à leur exclusion, de sa dot et de son trousseau. L'art. 10 ne permet à la fille du serf de succéder à son père et à sa mère; il ne lui accorde même sa légitime qu'à condition de rester dans la maison paternelle, la première nuit de ses noces. Si elle la passe dans le lit de son mari, c'est un crime qui est puni par l'exhérédation : cet usage ne paraît aujourd'hui que ridicule; mais il en rappelle un autre qui prouve combien la force a toujours abusé de la faiblesse. Dans les terres mainmortables, le seigneur obligeait anciennement les jeunes épouses à venir dans son donjon lui faire hommage de leur virginité. Ce n'est qu'après lui en avoir fait le sacrifice qu'elles pouvaient aller habiter avec leurs maris; c'est pourquoi il leur était défendu de s'absenter de la seigneurie, la première nuit de leurs noces, sous la peine d'être déclarées incapables de succéder à leurs père et mère. Cette défense devait disparaître avec les indignes sacrifices pour lesquels elle avait été établie, cependant

---

(1) V. Dunod, *ibid*. dist. 3 et Ralbert, paragr. 3, n° 6.

elle subsiste encore avec la peine que la barbarie y avait attachée, et chaque jour elle donne lieu à des procès.

Qu'après la mort de son père une femme introduise une action en délivrance de sa légitime, ses frères ou son seigneur ne manquent jamais de lui opposer qu'elle est non recevable, à moins qu'elle ne prouve qu'elle ait couché la première nuit de ses noces dans la maison paternelle. Pour prouver ce fait, il faut procéder à des enquêtes ; souvent plusieurs années se sont écoulées depuis le mariage de la fille jusqu'à la mort du père ; souvent ceux qui auraient pu porter témoignage en faveur de cette fille, sont morts dans l'intervalle, ou se sont retirés dans quelque contrée inconnue. Dans ce cas la preuve devient impossible, et la malheureuse est renvoyée sans légitime et condamnée aux dépens. Si quelquefois elle trouve des témoins, la partie adverse cherche des prétextes pour les récuser, en séduit d'autres, et oppose ainsi les témoins aux témoins. Nous avons vu en 1771 le chapitre de Saint-Claude obtenir et faire publier un monitoire qui lançait les foudres de l'Église contre tous ceux qui, sachant qu'une pauvre femme avait passé chez son mari la première nuit de ses noces, ne viendraient pas le révéler : c'était pour balancer l'enquête de cette femme, qui avait prouvé par six témoins irrécusables, qu'elle avait passé cette première nuit dans la maison de son père.

Le mari qui a la facilité de trouver un notaire et le moyen de le payer, l'appelle le soir des noces dans la maison de son beau-père, et lui fait dresser un acte portant qu'il y a vu l'épouse, et que cette épouse a déclaré qu'elle y est venue pour y coucher ; mais si cette maison est éloignée de la résidence du notaire, si le mari est pauvre, il n'a pas cette ressource et sa femme court le risque de perdre ses droits à la succession de son père.

L'article 7 porte : « que le seigneur prend les meubles,

immeubles et biens quelconques de la succession des prêtres et clercs, ses mainmortables, de quelque état qu'ils soient, s'ils n'ont point de *parents communs et demeurant avec eux.* » De là le sacerdoce, l'épiscopat même n'affranchissent pas de la servitude. Un serf élevé à la prêtrise et pourvu d'une cure dans le Jura, s'il n'a point de parents demeurant avec lui, ne pourra disposer par testament, au profit des pauvres de la paroisse, des épargnes qu'il aura faites sur les revenus de son bénéfice. Ces épargnes qui sont le patrimoine des indigents se réuniront à celui du seigneur.

L'article 13 défend au serf de vendre, d'aliéner et d'hypothéquer son héritage mainmortable, sans le consentement du seigneur, à peine de *commise* ou de confiscation.

Avant la publication de cette coutume, il avait la liberté de le vendre aux gens de sa condition, et les serfs du duché de Bourgogne jouissent encore de cette faculté : cet article la retranche aux serfs franc-comtois (1). Si un malheureux serf est né avec de l'industrie, s'il apprend un commerce, qu'il y gagne quelque argent, qu'il acquière un petit domaine avec cet argent, et qu'ensuite il éprouve des revers, pourra-t-il du moins le revendre ou l'hypothéquer à ses créanciers ? Non, il ne le peut pas sans le consentement du seigneur. Ou ses enfants sont demeurés avec lui dans la mauvaise fortune, ou ils s'en sont séparés. Au premier cas, le seigneur qui est exclu de la succession du serf par ses enfants consent à une vente qui lui procure des profits très considérables ; mais au second cas, considérant que le domaine lui sera dévolu après la mort du serf, il se garde bien d'en permettre la vente. Ainsi ce malheureux est dans

---

(1) Tel était aussi l'usage ancien de la plupart des terres de Franche-Comté, comme il sera facile de le prouver par les terriers et une foule d'autres titres.

l'impuissance de se relever de ses pertes, il ne peut emprunter parce qu'il n'a point de sûreté à offrir aux prêteurs ; il ne peut vendre, dans sa détresse, ce qu'il a acquis dans sa prospérité, parce que son seigneur ne veut pas le permettre. S'il a des parents *successibles* et que le seigneur n'ait pas d'intérêt d'empêcher la vente, le seigneur s'attribue, en ce cas, le privilège d'autoriser l'injustice la plus criante. Le serf ne peut constituer des hypothèques sans le consentement du seigneur. S'il a plusieurs créanciers, le seigneur est le maître de vendre son agrément à celui qui le met au plus haut prix. Dans les faillites, le prix de l'immeuble mainmortable est distribué en justice aux créanciers, non pas suivant les dates de leurs contrats, mais suivant celles des consentements des seigneurs, en sorte que le dernier créancier qui est muni de consentement est préféré aux plus anciens qui n'ont pu en obtenir.

De là un débiteur obéré et de mauvaise foi qui voudra frauder ses créanciers, trouvera un complice au profit duquel il passera l'obligation simulée d'une somme qui égale le prix de ses biens. Le faux créancier, au moyen du consentement d'hypothèque qu'il achète du seigneur, emporte le prix entier de la vente qu'il rend en secret au débiteur, ou qu'il partage avec lui, et les créanciers antérieurs et légitimes s'en retournent les mains vides. Lorsque le seigneur veut bien consentir à la vente, c'est pour exercer deux droits très lucratifs, les lods et le retrait ; il ouvre une enchère devant lui, et il trouve communément des enchérisseurs, parce que la vente ne pouvant avoir son effet qu'avec son agrément, on croit traiter plus sûrement avec lui qu'avec le vendeur. Que l'immeuble mainmortable ait été, par exemple, vendu mille écus, et que les enchères ouvertes devant le seigneur en doublent le prix, cet excédent ne sera pas pour le vendeur ; mais le seigneur, usant de son droit de retrait, le réunit à son fief, le cède ensuite pour les deux mille écus au dernier enchérisseur, rend la moitié de cette somme au premier acquéreur, garde pour lui l'autre moitié, et se fait payer de plus un droit de lods qui s'élève au tiers du prix de la vente dans quelques cantons, et à la moitié dans d'autres.

Le cessionnaire du seigneur a payé chèrement cet immeuble mainmortable. Par cette réserve, le seigneur retient la chose dans le temps même qu'il la vend, et en reçoit le juste prix. C'est ainsi que se propage la mainmorte; l'équité n'approuve pas sans doute de semblables conventions.

Mais, dira-t-on, pourquoi l'acquéreur souffre-t-il cette réserve? c'est parce qu'il a des enfants et qu'il ne croit pas qu'ils se sépareront de lui. Il se flatte que ses enfants en feront d'autres, que sa postérité ne s'éteindra jamais, qu'elle prospèrera comme lui, qu'elle ne sera pas obligée de vendre l'immeuble qu'il acquiert pour elle, et que la clause qui le grève de la mainmorte n'aura point d'effet; mais que ses enfants meurent le lendemain ou qu'ils se séparent de lui, et qu'il lui survienne quelque perte qui le mette dans le cas de revendre cet immeuble, c'est alors qu'il reconnaîtra la lésion qu'il souffre d'un semblable marché; en vain il en demanderait la rescision, toute juste qu'elle serait, les tribunaux ne l'entendraient pas.

Que par une industrie extraordinaire et par un bonheur rare dans ces contrées un serf fasse fortune; que sur un sol de cinquante francs il bâtisse une maison de cinquante mille francs; si dans la suite un malheur l'oblige à vendre cette maison, le seigneur qui n'a pas contribué à la construction en retirera cependant par son droit de lods le tiers ou la moitié du prix; l'acquéreur meurt ensuite sans parents demeurant avec lui, cette maison reviendra encore au seigneur.

L'article 14 porte : « que l'homme de mainmorte ne peut disposer de ses biens meubles, ni de ses héritages, quelque part qu'ils soient assis, ni par testament ni par donation à cause de mort, si ce n'est au profit de ceux qui sont communs en biens avec lui, et qui par droit coutumier pourraient et devraient lui succéder. »

Les articles 16 et 17 exigent de plus, pour que les serfs soient successibles les uns aux autres, qu'ils vivent ensemble sous le même toit, au même feu et à la même table.

L'article 18 déclare que, s'ils se séparent, ils ne pourront plus se réunir sans le consentement du seigneur; ainsi chaque maison, dans cette contrée, ne semble être qu'une prison où des captifs sont obligés de s'associer et de se renfermer, sous peine de perdre leur part à quelques arpents de terre qu'ils ont si souvent arrosés de leurs sueurs.

Si un père a plusieurs fils, et qu'il veuille les marier tous, leurs femmes rassemblées par le hasard et divisées par l'intérêt, sympathiseront difficilement entre elles. Les haines deviendront si fortes qu'elles rendront indispensable la retraite de l'une des parties : alors la portion qui, après la mort du père, devrait revenir à celui qui se retire, accroît la portion de celui qui le chasse; l'héritage de la partie la plus tolérante devient le prix de la persécution de l'autre.

La femme qui avait épousé un fils de famille, dans l'attente d'une succession qui lui était assurée par institution contractuelle, se voit, par cet événement, frustrée de cette espérance. Les enfants mêmes que cette institution appelait à la succession de cet aïeul, à défaut de leur père, participent à la privation de celui-ci, s'ils le suivent dans sa nouvelle habitation.

L'ancienne jurisprudence n'était pas si rigoureuse. Comme la coutume ne défend pas au serf de faire une donation entre les vifs à son fils qui demeure avec lui, et que l'institution contractuelle participe de la donation, on jugeait autrefois qu'il suffisait au fils, pour en recueillir l'effet, d'avoir été le *copersonnier* de son père à l'époque de son contrat de mariage; mais les derniers arrêts ont jugé que, s'il quittait la maison paternelle avant la mort de son père, il ne lui succéderait pas.

Que l'un des copersonniers ait plus de talent que les autres; qu'il s'occupe tandis que ceux-ci végètent dans la hutte commune, sans y rien faire; que par son seul travail, il y fasse quelque profit, il est obligé de le partager avec ses frères ou ses cousins qui n'y ont point contribué.

Si les membres laborieux de cette communauté qu'on appelle communion, trouvent de l'avantage à se séparer, alors ceux qui ont été les chefs ou les administrateurs de cette société doivent en rendre compte; mais comme ils ne tiennent pas de registres, attendu que la plupart ne savent pas écrire, il est rare que les comptes soient exacts; ils donnent lieu à des débats et à des procédures qui consument en frais le peu d'argent ou la valeur du bétail qu'ils avaient à partager.

Cette communauté une fois dissoute, celui qui n'a point d'enfants ne peut disposer par testament ni de son héritage mainmortable, ni des meubles ou des biens qu'il a acquis par son travail dans un lieu de franchise. Après sa mort tous ces acquêts appartiendront à son seigneur.

En vain Dieu, en donnant des besoins à l'homme, en lui rendant nécessaire la ressource du travail, a fait du droit de travailler la propriété de tout homme : en vain Votre Majesté a déclaré que cette propriété était la plus sacrée et la plus imprescriptible de toutes (1), le peu que nous gagnons par notre sobriété et le travail de tous les jours n'est point à

(1) **Préambule de l'Édit des jurandes du mois de février 1776.**

nos, des mains étrangères attendent notre mort pour s'en saisir et l'enlever à nos parents, à nos enfants même. Il est vrai que nous pouvons les en écarter à jamais, en nous assujettissant à vivre toujours dans le même manoir avec nos enfants, nos frères, nos neveux et nos cousins, jusqu'au dixième degré.

Mais par cette considération même qu'il est en notre pouvoir d'exclure le seigneur de nos successions, il n'y a proprement aucun droit; pourquoi donc nous imposer une gêne qui est sans avantage pour lui, tandis qu'elle subsiste : une gêne qui, en concentrant une famille nombreuse dans l'enceinte étroite de son manoir, l'empêche de s'étendre et de se multiplier, et nuit ainsi à la population et à l'agriculture?

S'obliger à vivre toujours en communauté est une loi réprouvée par les conventions romaines : « *Si conveniat neomnino divisio fiat, hujus modi pactum nullam vim habere manifestum est* (1), *nulla societas in æternum coita.* »

« Les lois de Ricard (2) ont condamné les conditions qui tendent à tenir la liberté des légataires dans une captivité absolue, comme celles qui tendent à cette charge, AU CAS QU'ILS NE SORTENT PAS DE CE LIEU-LA : *Titio centum relecta sunt, est in illa civitate domicilium habeat : potest dici, non esse locum, cautioni per quam suæ libertati impingatur.* L. 71 ff. de condit. et demonstr. ff 2.

Le même auteur rapporte ensuite qu'un oncle ayant légué les biens qu'il possédait aux environs de la ville de Beaune à celui de ses deux neveux qui voudrait fixer sa demeure dans cette ville, ajoutant que si l'aîné voulait accepter cette condition, il serait préféré au cadet, le parlement de

---

(1) L. 14 § 2 *commun. divid.* L. 70 ff. pro socio.
(2) *Traité des dispos. condit.*, paragr. 282.

Paris jugea cette condition nulle et par arrêt du 3 juillet 1614, adjugea les biens à l'aîné, quoiqu'il eût fixé sa résidence en Languedoc.

Si nous sommes des hommes ; si, contribuant aux charges de l'État comme les autres sujets de Votre Majesté, les lois doivent nous protéger comme eux, pourquoi sommes-nous asservis, sous peine d'exhérédation, à une captivité qu'elles condamnent, et qui est si préjudiciable à l'État ?

Vous avez, Sire, dans vos armées plus de trente mille serfs franc-comtois ; lorsque quelques-uns d'eux parviennent, par leur mérite, au grade d'officier, et qu'après avoir obtenu leur retraite avec une pension, au lieu de retourner avec leurs frères et leurs neveux dans la hutte où ils sont nés, ils vont habiter, dans leur village, une maison plus commode, ils ne pourront en mourant disposer ni de leur mobilier, ni des petites épargnes qu'ils auront pu faire sur leur pension, tout le pécule appartiendra au seigneur après leur mort.

Le Jura renferme si peu de terres cultivables, que, dans les meilleures années, elles ne produisent pas de quoi nourrir le quart des habitants. Notre industrie pourrait suppléer à l'aridité du sol ; placés à l'entrée de la Suisse et de l'Italie, le commerce fleurirait parmi nous, si notre condition, au lieu de nous ôter tout crédit, pouvait inspirer quelque confiance.

Celui qui ne peut offrir des sûretés, ne trouve pas des emprunts ; celui qui doit avoir son tyran pour héritier, n'est tenté ni d'améliorer son champ ni d'augmenter sa fortune. De là un découragement général et la multitude de mendiants que l'on rencontre à chaque pas dans cette malheureuse partie de la province. Le seigneur qui hérite du serf opulent n'est point obligé de nourrir le serf pauvre.

Les articles 13, 14, 16 et 17 que nous avons rapportés, ne

s'appliquaient anciennement qu'aux serfs de corps ; de sorte que l'homme libre, le bourgeois d'une ville, qui acquérait un domaine dans une terre mainmortable, en jouissait et en disposait comme d'un bien libre. Dans ces temps-là, la servitude inhérente au sol ne se communiquait pas du moins à la personne du possesseur. Mais par un édit de Charles V de l'année 1549, sollicité par le clergé et la noblesse dans les éta's de la province (1), il fut statué que l'héritage mainmortable acquis par l'homme franc depuis le mois de juin 1549 retournerait au seigneur, si cet homme franc décédait sans laisser hoirs de son corps ou autres étant en communion avec lui, qui par droit doivent lui succéder. Non contentes encore de cet édit, les mêmes chambres du clergé et de la noblesse en surprirent un autre en 1606, qui acheva d'assimiler aux serfs de corps le bourgeois possesseur d'un immeuble mainmortable en lui défendant de le vendre et de l'hypothéquer sans le consentement du seigneur. De là les bourgeois des villes dont les alentours sont infectés de la mainmorte et qui y acquirent quelque domaine, n'ont la liberté ni d'en disposer, ni de le transmettre à leurs pères ou à leurs neveux, s'ils n'ont pas toujours vécu avec eux comme les serfs de corps sous le même toit, au même feu et à la même table.

Le parlement de Franche-Comté, qui a fait des remontrances à Votre Majesté, contre l'édit bienfaisant du mois d'août 1779, et qui en a sursis l'enregistrement jusqu'au 21 octobre 1788, n'en a jamais fait contre les deux édits de 1549 et 1606, qui ont si injustement dépouillé les citoyens de plusieurs villes d'une liberté à laquelle les rédacteurs du

---

(1) Notamment à la sollicitation des seigneurs de Rey, de la Chaux et de Chenevrey. — V. Edit de 1570, imprimé chez Jean Droz, libraire à Dôle.

code de la mainmorte n'avaient osé porter atteinte. Et voilà comme dans cette province le tiers état a toujours été protégé par le clergé, la noblesse et la magistrature, et n'a cessé d'être la victime du funeste ascendant des deux premiers ordres sur le troisième.

Mais suivons notre coutume. L'article 18 porte que le seigneur (quand échute et succession de mainmorte a lieu) prend les biens étant en sa seigneurie mainmortable, sans pour raison d'iceux payer les dettes de son homme trépassé, si lesdits héritages, du consentement du seigneur, n'étaient pour ce obligés ou hypothéqués.

Dans le Bugey, le seigneur est du moins obligé de payer les dettes du serf ou de délaisser ses biens à ses créanciers. Cette obligation est fondée sur cette maxime de l'équité naturelle : « *qui sentit commodum, sentit et onus* », mais les seigneurs franc-comtois qui jusqu'à présent ont été les plus forts, ont violé envers les habitants de leurs terres les lois de la nature.

La dot de la femme, cette dette si favorable, si privilégiée et à laquelle l'ordonnance de 1747 assure une hypothèque sur les biens substitués ; cette dot n'est point payée par le seigneur si elle n'a pas été assignée de son consentement sur l'héritage auquel il succède. La veuve qui n'a pas eu la précaution ou le moyen d'acheter ce consentement, ou qui n'a pu l'obtenir, perd sa dot en perdant son mari, et se trouve réduite à augmenter le nombre de mendiants de cette triste contrée. Telles sont, Sire, les dispositions injustes et bizarres qui régissent les personnes et les biens de plus de quatre cent mille francs-comtois. La coutume rédigée en 1459 doubla leurs chaînes. Les édits de 1549 et 1606 les étendirent aux bourgeois des villes qui ont des domaines dans des terres mainmortables. La jurisprudence qui devait mitiger ce code n'a fait qu'ajouter à ses rigueurs.

A ces traits, Sire, Votre Majesté reconnaîtra avec Loyseau que, « les seigneuries ayant du commencement été établies en confusion, par force et usurpation, il a depuis été comme impossible d'apporter un ordre à cette confusion, d'assigner un droit à cette force, de régler par raison cette usurpation. Ainsi se sont multipliées confusément plusieurs bizarres espèces de seigneuries dont les noms mêmes sont presque inconnus, et chacune d'elles s'est attribué diverses sortes de prétentions plus ou moins cruelles, selon qu'en chaque pays l'usurpation a eu plus ou moins de cours; que chaque seigneur a été plus ou moins entreprenant et les sujets plus ou moins façonnés à la servitude. Enfin la confusion et la variété ont été si grandes, que depuis tant de siècles que les seigneuries sont établies, on n'a encore pu y établir un droit certain et uniforme. Ainsi, comme aux nouvelles conquêtes, on y a toujours vécu à discrétion. Même toutes les fois qu'il s'est présenté des différends en justice, on les a vidés, non par le point de la raison, mais par celui de la possession ou usurpation, et par la règle de conquête « *qui tenet, teneat* », et que « *vis est jus* », donnant par ce moyen force à la force et ne laissant aucun pouvoir à la raison ni à la justice » (1). Ce sont des lois d'Espagne qui ont fait les édits de 1549 et de 1606. Un roi de France a sans doute le pouvoir de les révoquer. Votre Majesté a aussi le pouvoir de corriger et de réformer la coutume de 1459, puisque celui de vos prédécesseurs qui l'approuva pour lors, *vous l'a expressément réservé*. En procédant à cette réforme, votre justice ordonnerait sans doute :

1° Que tous vos sujets, les étrangers même, auront la liberté de s'établir et de fixer leur domicile en quel lieu de votre royaume qu'ils trouveront convenir, sans qu'en vertu

---

(1) Loyseau, *des Seigneuries*, avant-propos.

des coutumes, les seigneurs puissent les assujettir à aucune servitude, ni leur faire payer aucun droit de leur résidence;

2° Que les gens de condition mainmortable, et les personnes franches qui possèdent des biens de cette condition, pourront les transmettre comme leurs meubles et leurs autres biens, à leurs parents en ligne directe et collatérale, soit par dispositions entre vifs ou à cause de mort, soit *ab intestat* selon l'ordre établi pour les personnes et biens libres sans qu'ils soient tenus à vivre en communauté avec leurs héritiers, donataires ou légataires, ni que les filles soient obligées en se mariant à remplir pour cela aucune forme ou devoir féodal.

3° Dans les distributions du prix des biens mainmortables, les deniers seront distribués aux créanciers, suivant leurs dates, privilèges et hypothèques, selon l'ordre établi pour les biens libres, sans que les seigneurs puissent accorder aucune préférence contraire à cet ordre.

4° Que l'art. 25 de l'édit du mois d'août 1749 sera exécuté, et en conséquence que les seigneurs ecclésiastiques ne pourront exercer pour eux-mêmes, ni céder à d'autres le retrait seigneurial ou censitif.

5° Pour faciliter les mutations, les lods et ventes seront fixés à un taux modéré.

6° Qu'il soit défendu à tous seigneurs et propriétaires, d'assujettir à l'avenir à la servitude les personnes et les biens de condition libre.

7° Que les fonds et maisons mainmortables qui rentreront à l'avenir dans la main des seigneurs, de quelque manière que ce soit, seront affranchis à perpétuité au moment du retour, sans qu'ils puissent jamais être rétrocédés sous la condition de mainmorte.

Aucun de ces articles ne touche aux propriétés des seigneurs ils n'ont pour objet que de les régler et de les réduire aux termes de la raison et de l'équité. Accorder ces articles, c'est supprimer la mainmorte; ainsi il vaudrait peut-être mieux l'abolir entièrement dans les terres des seigneurs; cette marche serait plus franche et plus digne de Votre Majesté. Comme elle a le pouvoir d'anoblir, elle a incontestablement celui d'affranchir. *Regium munus est*, dit un ancien auteur, *et monarcho dignum servos manumittere, servitutis maculam delere, non successibiles facere successibiles, intestabiles efficere testabiles* (1).

Les rois vos prédécesseurs commencèrent par affranchir les habitants des communes, avant de les appeler aux assemblées de la nation. Chacun connaît l'édit mémorable de 1315, où Louis le Hutin déclarait que « comme selon le droit de la nature, chacun doit naître franc, et voulant qu'en vérité la chose soit accordante au nom, ordonnons que généralement par tout notre royaume franchise soit donnée à bonnes et convenables conditions. » Un ancien historien de Franche-Comté (2), dit « qu'à ce mal très injurieux et très indigne de chrétien, les bons princes ont remédié; car ils ont donné ou plus vraiment ils ont rendu la liberté à leurs sujets »; il cite ensuite un édit de Philippe II, roi d'Espagne, qui était souverain de cette province, donné en 1583, par lequel le prince affranchit tous les serfs « avec condition fort tolérable, et telle que le pauvre obtenait sa liberté sans prix quelconque, et le riche, à bien petit ». Henri II rendit en 15 4 la liberté aux serfs du Charolais: la baronne du mont Saint-Vincent prétendait que ses mainmortables ne pouvaient être affranchis que par elle, et que l'affranchissement donné par le roi était nul: mais le parlement de Paris le déclara vala-

---

(1) Ferraut, *De privileg. regni Franciæ*.
(2) Golut, p. 70.

ble par arrêt du 1er juin 1751 (1). « Dans l'Assemblée de 1614, le tiers état supplie Louis XIII d'abolir la mainmorte dans les terres des seigneurs. La prochaine diète qui sera composée d'un clergé plus humain, d'une noblesse plus généreuse et de citoyens plus éclairés, renouvellera sans doute cet ancien vœu. Ainsi l'exemple de vos prédécesseurs, le vœu de la nation, les arrêts de votre première cour, tout prouve, tout reconnaît que vous avez, Sire, le pouvoir de rendre la liberté à vos sujets, malgré leurs seigneurs. En usant de cette belle prérogative, vous aurez la gloire d'effacer les derniers vestiges de la tyrannie féodale, vous éprouverez la satisfaction si douce de briser les fers de plus d'un million de Français répandus en différentes provinces ; vous rappellerez le travail, l'abondance et le bonheur dans les asiles du découragement et de la misère. Mais les seigneurs seront-ils forcés à exiger une indemnité ? Pour juger sainement cette question, il faut examiner si l'affranchissement leur fera perdre des droits légitimes ; car s'il ne leur retranche que l'odieux privilège de commettre des injustices, ils n'ont assurément aucune indemnité à demander.

La mainmorte ne leur apporte des profits que lorsque le serf vend les terres qu'il possède dans leurs seigneuries, ou qu'il meurt sans copersonnier. Or, dans le premier cas, ils ont des lods que l'affranchissement leur conservera, en les réglant cependant à un taux modéré ; et cette modération ne leur sera pas désavantageuse, parce que moins ces lods seront forts, plus les mutations seront fréquentes, et qu'au lieu de perdre ils gagneront. Au second cas, ils succèdent à la vérité au serf qui meurt séparé de ses copersonniers ; mais que toutes les familles mainmortables conviennent entre elles, comme elles le peuvent, de rester unies jusqu'à

(1) Bacquet, t. II, page 268, édit. 1744.

la dixième génération ; parvenues à ce terme, chacune d'elles sera composée d'environ cent personnes. On les réduit à ce nombre, parce que leur servitude et leur misère ne les invitent pas à trop multiplier. Ces cent personnes se diviseront en deux ménages, lesquels se soudiviseront à leur tour, lorsqu'ils seront parvenus l'un et l'autre au même nombre de cent personnes, et ainsi de suite ; de cette manière, à moins qu'il ne survienne une peste générale, jamais les serfs ne mourront sans copersonniers, et jamais, par conséquent, leurs successions ne s'ouvriront au profit de leurs seigneurs; tout au contraire, ils y gagneront, parce que les cultivateurs animés par l'attrait de la liberté et de la propriété, travailleront avec plus de courage ; ils deviendront plus aisés, leurs terres mieux cultivées prendront plus de valeur ; ils bâtiront de nouvelles maisons dont les mutations produiront des lods au seigneur, les dîmes augmenteront, toutes les redevances seront mieux payées. Puis donc que le seigneur gagnera à l'affranchissement, loin d'y perdre, il ne doit pas nous le faire payer. Dira-t-il que la mainmorte est une condition de la concession des terres ?

Quand cela serait, il n'en resterait pas moins démontré que l'affranchissement est juste, et qu'il n'y perdra rien. Quand cela serait, cette condition ne pourrait valoir, attendu qu'il n'est aucun serf qui ne soit en état de justifier que lui ou ses pères ont acquis ou payé les terres qu'il possède, et que les ayant payées il doit en jouir en pleine propriété. Mais il n'est point vrai que la mainmorte doit son origine à la concession des terres. Les moines de Saint-Claude s'expliquèrent sur cela en ces termes, dans l'affranchissement de la famille Dronier, du 13 février 1519 : *Nos commendatorius, relligiosi et conventus, etc., attendentes omnes homines ab initio liberos procreatos, servitutemque, contra jura naturalia ex jure gentium, fuisse introductam ac Deum non hominem homini, sed anima'ibus dominari voluisse; et quod dominus noster Jesus Christus, ut nos a servitute eriperet et libertatem donaret, ligno crucis se obtulit, etc., pro nobis et nostris successoribus et nostra certa scientia Guillelmum Dronier ab omni servitu'e et liberavimus et affranchissavimus.* Les registres de l'hôtel de ville de Saint-Claude contiennent plus de cinquante affranchissements conçus dans les mêmes termes. De là, de l'aveu même des moines, c'est contre le droit naturel que la mainmorte a été introduite parmi nous ; elle n'est pas une condition de la concession de nos terres ; ils en attribuaient l'origine au droit des gens, comme s'ils nous avaient pris à la guerre, ou que nous leur eussions été vendus par des pirates. Le nom seul de Franche-Comté indique un pays de franc-alleu. Le franc-alleu général constaté par une foule de chartes du XIIe et du XIIIe siècle (1) a été reconnu par un arrêt du conseil du 13 octobre 1693, qui maintient les francs-comtois dans leurs franchises et dans la liberté de posséder leurs terres, maisons, héritages en franc-alleu (2). Dans le Ve siècle, un homme puissant du Jura ou des environs, avait frauduleusement soumis à la servitude des cultivateurs de condition libre, « *vi persuasionis illicitæ jugo servitutis subdiderat.* » Ces cultivateurs viennent solliciter la protection de saint Lupicin, l'un des fondateurs de l'abbaye de Saint-Claude. Le saint va plaider leur cause devant le roi Chilpéric. Une cause si juste, défendue par un patron si recommandable, eut le succès qu'elle devait obtenir (3). Ce trait honorable de la vie de saint Lupicin ne permet pas de penser qu'il eût souffert que ses moines attentassent à la liberté du

---

(1) *Histoire de Poligny*, tome I, p. 145, aux notes.
(2) *Nouveau recueil de la chambre des comptes de Dôle*, p. 320.
(3) *Légende de Saint Lupicin*, cap. 3, dans les Bollandistes sous le 21 mars. *Histoire de la monarchie franc.*, par l'abbé Dubos, liv. 3, chap. 12.

Jura ; cette liberté y régnait encore au XIIe siècle, tous heritages y étaient possédés en franc-alleu. *De franco jure occupasse sicut se habet jurensis consuetudo,* porte une charte de 1126 (1).

Elle y régnait de même au XIIIe et XIVe siècles ; les religieux associèrent en 1266, en 1301 et 1318, les comtes de Châlons à la propriété d'une forêt immense à charge de la défricher et de la peupler. Les chartes d'association rappellent dans les plus grands détails toutes les redevances, qui seraient imposées aux colons, il n'en est aucune qui suppose la mainmorte ; cependant les seigneurs tentèrent de l'établir. Mais les colons s'enfuirent, on ne put les faire revenir qu'en leur garantissant une entière liberté. « Nous frère Guillaume, abbé de Saint-Oyan ou Saint-Claude, porte l'une des chartes de franchise de l'année 1384, savoir faisons que pour icelle condition de mainmorte, nul ne s'y voulait habiter, mais de fond en fond se déshabitait : pourquoi lesdits lieux faire habiter et multiplier, ladite mainmorte avons ôté. » Le prieuré de la Mouille, d'où relève le village de ce nom avec ceux de Moret, des Rousses, du Bois D'Amont, de Morbier et de Bellefontaine, ne rapportaient dans le XIVe siècle qu'un petit fromage par semaine et cinquante florins par an, « *nec amplius,* » dit le décret de 1357 qui en prononce l'union en faveur du monastère de Saint-Claude « *in augmentum licentiæ* ». La mainmorte n'existait donc pas alors dans ces villages. Ce monastère vendit en 1390, aux habitants de Longchaumois, les terres qui sont aujourd'hui renfermées dans leurs territoires, pour le prix de 70 ducats d'or ; non seulement la mainmorte ne fut pas réservée dans cette vente, mais elle en fut exclue par la clause qui transportait ces terres aux habitants, pour eux, leurs héritiers

---

(1) *Histoire des sires de Salins,* aux preuves, t. I, pag. 36.

et successeurs quelconques. Clause incompatible avec la mainmorte. Comment donc, au mépris de ces titres, les moines sont-ils parvenus à introduire l'esclavage dans ce pays libre ? Permettez-nous, Sire, de vous en rendre compte.

Le monastère qui fut d'abord appelé « Condat », ensuite « Saint Oyan », et enfin « Saint-Claude », reconnaît pour ses premiers abbés saint Romain et saint Lupicin, qui vivaient sous Chilpéric, père de sainte Clotilde. Ces premiers solitaires du Jura vivaient du travail de leurs mains, ils faisaient des paniers d'osier, des chais s, etc. (1)

Chilpéric leur avait offert des champs et des vignes: « Nous ne pouvons les accepter, lui répondirent-ils, des propriétés ne sont point faites pour nous » (2.)

Ces premiers abbés et Oyan, leur successeur, furent canonisés dans le viie ou viiie siècle ; des légendes parurent, qui attribuèrent à leurs ossements le don de guérir les malades et de chasser les diables du corps des possédés.

Le bruit de ces miracles les mit en réputation, ils attiraient une foule d'étrangers à leurs tombeaux, et procuraient au monastère d'abondantes aumônes; ainsi les moines acquirent insensiblement des richesses. Les successeurs de Lupicin ne dédaignèrent pas, comme lui, les biens de la terre.

Ces frères, comme le disait Pierre des Vignes, qui, dans la naissance de leur religion, semblaient fouler aux pieds la gloire du monde, reprennent le faste qu'ils ont méprisé ; n'ayant rien ils possèdent tout, et sont plus riches que les riches mêmes. Ils ne tardèrent pas à aspirer à la seigneurie et même à la souveraineté du Jura. Dans cette vue ils fabriquèrent, dans le xiie siècle, une chronique en prose

---

(1) *Hist litt.*, par dom Ri es, t. 3, p. 94.
(2) Grégoire de Tours, *De vita patrum*, chap. I.

rimée (1), dans laquelle ils supposèrent que l'empereur Gratien avait fait donation de tout le Jura à Romain et à Lupicin.

L'auteur de cette chronique savait fort mal la chronologie. Il fait contemporains de Gratien, mort en 383, le pape saint Léon, qui ne monta sur le trône pontifical qu'en 440 et saints Romain et Lupicin, qui suivant Grégoire de Tours et Mabillon (2) vivaient sous Chilpéric, père de sainte Clotilde, lequel ne commença à régner en Bourgogne qu'en 463 (3).

Ils fabriquèrent encore d'autres titres, dont la fausseté a été si clairement prouvée dans une dissertation consacrée à la défense des suppliants et imprimée en 1772, qu'elle est restée sans réponse. A la faveur de ces faux titres, ils s'attribuèrent non seulement la seigneurie mais encore la souveraineté du pays. Ils faisaient battre monnaie à leur coin, anoblissaient les roturiers, érigeaient les fiefs, légitimaient les bâtards, et donnaient grâce aux criminels.

Les nobles étaient jugés en première instance, par leur frère chambellan, et les roturiers par le frère cellerier. De ces deux moines on appelait à un autre qui était commis par l'abbé et que l'on nommait le juge d'appel. De ce second juge on appelait encore à l'abbé qui prononçait en dernier ressort.

Ils jugeaient les affaires dans lesquelles ils étaient parties, sous le nom de leur procureur, comme celles qui ne concernaient que leurs sujets. En 1346, le duc et comte de Bourgogne, Philippe le Bon, les fit rentrer dans son obéissance, leur retrancha le droit de battre monnaie et permit à leurs sujets d'appeler de leurs sentences à son parlement.

---

(1) *Annales bened.*, tome I, p. 677.
(2) *Annales bened.*, t. I, p. 223.
(3) V. *l'Art de vérifier les dates*, p. 659, édit. de 1770.

Cette cour n'était pas alors sédentaire comme elle le devint en 1508. Tous les quatre ans et quelquefois après un plus long intervalle, elle s'assemblait pendant trois mois, en sorte que le recours au parlement étant difficilement praticable, les sentences de nos moines furent encore exécutées longtemps après les lettres patentes de 1435, comme jugements en dernier ressort. Les moines revêtus de ce pouvoir assujettirent insensiblement quelques familles à la servitude, et lorsqu'ils eurent un certain nombre de serfs ils prétendirent que tous devaient l'être.

Après la sécularisation de l'abbaye en 1742, l'abbé fut élevé à la dignité d'évêque et les religieux devinrent chanoines. Nous ne sommes pas assez injustes pour imputer à ceux-ci les fraudes de leurs devanciers, mais il nous paraît qu'ils ne doivent pas en profiter.

On découvrit en 1769 les actes dont nous avons parlé, qui prouvent si bien la franchise du Jura; une partie des suppliants en réclama l'exécution au conseil de Louis XV. Une cause qui avait pour objet l'état civil et la liberté d'un si grand nombre de sujets paraissait digne d'être jugée par Sa Majesté elle-même ; mais les intrigues ministérielles de ce temps ne permirent pas au conseil de s'en occuper, et elle fut renvoyée au parlement de Besançon par un arrêt revêtu de lettres patentes du 18 janvier 1772, pour y être jugée, tant d'après les titres produits par les habitants que d'après la possession en tant qu'elle ne serait pas contraire à ces titres.

Pour les éluder, le chapitre de Saint-Claude soutint qu'ils ne s'appliquaient pas aux territoires des communautés réclamantes. Le parlement ordonna une *vue de lieu*, laquelle fut exécutée au mois de septembre 1784 ; toutes les limites furent unanimement reconnues par les experts en faveur des habitants.

Le parlement qui avait ordonné cette descente fut révoqué au mois de mars 1775, l'ancien parlement rappelé paraissait blessé de ce que les lettres patentes de 1772 lui prescrivissent de juger ce procès, ce qui n'annonçait pas qu'il fût disposé à s'y conformer; cependant elles n'avaient fait que de consacrer une maxime avouée de tous les jurisconsultes suivant laquelle on n'admet point, en matière féodale, de prescription contre le titre primitif. Cette cour a toujours jugé que la mainmorte, une fois établie, était imprescriptible : ses principes devaient la conduire à accorder le même privilège à la liberté !

Le chapitre avait produit une reconnaissance passée en 1684, devant un notaire étranger, dans la maison seigneuriale, par vingt-quatre habitants de la paroisse de Lonchaumois, qui était composée de 400 feux : par cet acte, les vingt-quatre habitants, sans pouvoir de leur communauté, reconnaissaient une mainmorte générale, conformément à une reconnaissance antérieure du 5 mai 1505 (« *Ici vu et représenté* »).

On somme le chapitre de produire son terrier; il est forcé de l'exhiber au greffe. On y trouve la reconnaissance de 1505, et l'on voit qu'elle ne parle en aucune manière de la mainmorte; ainsi l'acte de 1684 renfermait deux faussetés, l'une en supposant que le terrier de 1505 énonçait la mainmorte, l'autre en affirmant qu'il avait été communiqué aux habitants.

Cette pièce paraissait bien propre à exciter l'indignation des magistrats ; à ce trait moderne, ils devaient juger de ceux que des temps plus anciens dérobaient à leurs yeux : « *crimine in uno disce omnes.* » Mais ces magistrats ont aussi des serfs dans leurs terres; ils voient la mainmorte avec d'autres yeux que les nôtres; elle leur paraît si favorable qu'ils ont refusé, pendant neuf ans, l'enregistrement de l'édit par lequel Votre Majesté l'abolit dans ses propres domaines.

PIÈCES JUSTIFICATIVES.

Cette grande cause fut jugée le 18 août 1775, et comment le fut-elle? Sept juges contre trois maintinrent le chapitre dans la possession de la mainmorte générale et territoriale, personnelle et réelle et condamnèrent les habitants aux dépens.

La cour mit 4,000 francs d'épices sur l'arrêt.

Ces malheureux se pourvurent en cassation. Le chapitre eut le crédit de faire renvoyer leur requête au bureau des affaires écclésiastiques, qui était alors présidé par M. de Marville, oncle d'un jeune chanoine qui venait d'être reçu.

On dit aux habitants qu'ils ne se plaignaient que d'un mal jugé, et que le mal jugé n'était pas un moyen de cassation. D'après ce principe, leur requête fut rejetée le 23 décembre 1777.

Si cette cause était renvoyée à un tribunal impartial pour y être discutée et jugée de nouveau, elle y recevrait certainement une décision bien différente. Mais ils espèrent, Sire, de votre bonté et de votre justice, qu'ils ne seront pas exceptés de l'affranchissement général que toutes les communes de Franche-Comté ont supplié Votre Majesté d'accorder aux serfs qui existent encore dans le royaume. Ils ont prouvé, et par les titres dont ils ont rendu compte, et par les propres aveux des devanciers du chapitre de Saint-Claude, qu'ils ont été soumis à la servitude contre le droit naturel, qu'elle n'a point été parmi eux une condition de la cession des terres, et qu'ainsi la liberté de leurs personnes et de leurs biens doit leur être rendue gratuitement.

Que Votre Majesté daigne nous permettre de lui observer encore qu'anciennement les serfs ne payaient la taille qu'à leurs seigneurs, quelques-uns la paient encore, d'autres s'en sont rédimés à prix d'argent. Au moyen de cette taille seigneuriale, nos ancêtres étaient affranchis des tributs imposés par le souverain. Notre exemption à cet égard fut confirmée par des lettres patentes du duc Philippe, du 9 mars 1436, et de Charles VIII, du mois de mars 1489. Quoique le parlement eût enregistré ces lettres, il ordonna en 1537 et en 1548 que nous contribuerions concurremment avec les abbés et religieux de Saint-Claude, à tous les impôts qui seraient établis dans la province. Ceux-ci s'obligèrent du moins à en payer le cinquième par une transaction du 24 mai 1552, homologuée au parlement le 21 novembre 1555; mais, malgré ce traité, depuis 1674, époque de la réunion de la province à votre couronne, on a rejeté sur les habitants la totalité des impôts auxquels le bailliage de Saint-Claude avait été taxé.

Ce bailliage paie aujourd'hui en impositions directes cent trente-six mille livres; en réduisant cette taxe à cent mille livres par année commune, depuis 1676 jusqu'à 1788, les habitants du Jura ont payé pendant cent douze années onze millions deux cent mille livres; le cinquième qui en devait être supporté par l'abbé et les religieux et leurs successeurs, est de deux millions deux cent quarante mille livres, somme qui surpasse la valeur de toutes les terres du Jura et qui, au besoin, indemniserait au centuple l'évêque et le chapitre de l'affranchissement de la mainmorte.

Votre Majesté voyant, au milieu de l'auguste assemblée qu'elle va présider, combien nous avons été vexés, à quel code barbare nous avons été soumis, comme les moines ont violé tous les traités qu'ils ont conclus avec nos pères, daignera nous accorder quelque pitié, et nous délivrer enfin de cette longue et cruelle oppression. Elle daignera considérer que des ecclésiastiques ne doivent pas traiter les hommes, leurs frères, comme des animaux de service, nés pour porter leurs fardeaux; que l'Église, dont la première institution est d'imiter son législateur, humble et pauvre, ne doit pas s'engraisser du fruit des travaux des hommes, et qu'enfin c'est justice que nous demandons

Ce document, dont seulement quelques extraits ont été compris dans le Résumé général des Cahiers (3 vol. in-8°) publié en 1789, par le banquier Laurent (de Mézières) et le journaliste Prudhomme, manque aux *Archives parlementaires*. Nous l'avons tiré de la « Collection générale des procès-verbaux, mémoires, lettres et autres pièces concernant les députations à l'Assemblée nationale de 1789. » *Archives nationales*, B. III, registre 18, bailliage d'Aval en Franche-Comté.

N° 2.

LES DEUX MÉMOIRES DE MONTJOYE-VAUFRAY

MÉMOIRE concernant les droits injustes, onéreux et vexatoires, et autres charges inouïes que fait supporter aux habitants de la seigneurie de Montjoye-Vaufray le sieur Comte de Montjoye-Vaufray.

La seigneurie de Montjoye-Vaufray est un petit pays, hérissé de montagnes presque inaccessibles et couvert en grande partie de forêts peuplées de hêtres et sapins, où le sol, naturellement ingrat, ne produit que des rouces et épines. Il fait partie de la haute Alsace et se trouve circonscrit par les terres de l'évêché de Basle, où il forme les limites du royaume.

C'est dans ce pays, presque sauvage par sa position, que végètent près de mille individus, que le seigneur de Montjoye foule de mille manières, sur lesquels il exerce tout le poids du régime féodal le plus inhumain et le plus détestable. L'on sera plus que convaincu de la vérité de ces expressions par le détail que l'on va faire des droits qu'il prétend avoir sur eux et de la manière qu'il les exerce.

1° *Dixme à la sixième gerbe.*

Ce seigneur exige la sixième gerbe du produit de la plus grande partie des terres de cette seigneurie ; des cinq gerbes restantes au propriétaire cultivateur, ce dernier en emploie une et demie pour la semence, parce que ces terres ne rapportent *qu'au quatre* ; les trois gerbes et demie qui lui restent, et qui forment l'unique avantage qu'il retire de ses semailles sont employées à sa nourriture et à l'acquit des autres droits seigneuriaux. Ces même champs, qui ne rapportent qu'au quatre, sont très difficiles à labourer, de même qu'un propriétaire qui ferait cultiver par un autre particulier pourrait à peine en retirer pour l'acquit des impôts, pour nourrir ses ouvriers et les payer. Le seul avantage qu'on a d'avoir des fonds, c'est de pouvoir s'occuper pour gagner sa subsistance qui consiste, dans ce malheureux pays, à manger du pain de moitié orge, moitié avoine, du lait et des légumes ; en outre de cette dîme, chaque particulier donne une mesure de froment au curé. Un petit village appelé Montursain, composé de dix chefs, donne au seigneur vingt quartels de froment et vingt d'avoine, sans savoir pourquoi.

2° *Droit de mainmorte.*

Ces mêmes terres, sur lesquelles ce seigneur perçoit une dixme aussi insolite, il les prétend encore mainmortables ; il exerce même ce droit avec tant d'inhumanité que le pauvre malheureux ne peut en vendre, quoique réduit à l'indigence la plus digne de compassion. L'on y a vu des infirmes conduits par leurs concitoyens charitables de village en village, pour demander l'aumône, qui possédaient cependant des fonds, mais dont la vente leur était interdite par le seigneur ; ci-devant les jardins, maisons et vergers étaient exempts de cette tache : aujourd'hui il s'empare de tout dans le cas de mort sans héritiers nécessaires.

3º *Corvée*.

Les propriétaires de ces mêmes fonds sembleraient devoir jouir paisiblement du produit de leurs terres en supportant une dixme aussi insolite et l'exercice odieux de mainmorte, mais loin de là, ce seigneur exige encore d'eux cinq journées de corvée à sa volonté ; s'il les oblige à les faire en nature, quand il lui plaît, il assigne l'ouvrage. Il est arrivé plusieurs fois que les corvéables ne pouvaient remplir leurs tâches dans un jour, ils étaient alors obligés de continuer leur travail le lendemain, tout cela n'était compté que pour une journée ; s'il ne les exige pas en nature, celui qui a deux bœufs de travail est forcé de lui payer six livres, tandis qu'autrefois on ne payait que trois livres dix sols huit deniers. Les particuliers ont préféré de supporter cette augmentation plutôt que de les faire en nature. Le manouvrier qui n'a point de bête de travail fait les corvées à bras, ou s'il veut s'en rédimer à prix d'argent, il est forcé de payer trois livres quinze sols, tandis qu'il ne payait ci-devant que trente-trois sols ; les pauvres mendiants n'en sont pas exempts : l'on en a vu aller chercher du pain de porte en porte pour aller travailler pour le seigneur, parce que depuis peu il refuse toute nourriture aux corvéables.

4° *Tailles, poules, débits de vin, droit d'habitation.*

Il tire par chaque journal de terre huit deniers pour tailles, trois poules par chaque feu. Le pauvre n'en est pas plus exempt que le premier habitant. Il perçoit la dixme du vin qui se débite dans les auberges, tandis que le roi ne tire que le vingtième. Il fait payer à chaque particulier qui change de communauté un florin par année pour droit d'habitation : l'étranger est aussi soumis à cette rétribution.

5° *Droit de retenue.*

Depuis environ dix ans, il s'est arrogé le droit de retenir sur la généralité des biens-fonds qui se vendent dans cette seigneurie. Il vend ce droit à qui bon lui semble ; le retrait lignager est ainsi banni de cette terre : les droits du sang y sont aussi méprisés que ceux de l'humanité.

6° *Forêts communes.*

Son avidité le porte à s'approprier toutes les forêts communales. Il les vend à son propre profit. Cette usurpation s'est déjà manifestée à l'égard des communautés de Montjoye, Monnoiront et les Chereaux ; il en donne à qui lui plaît. La distribution n'est jamais proportionnée aux besoins du particulier : il en dispose comme maître absolu ; cependant les particuliers en paient les impositions royales et même la subvention, impôt qui existe en Alsace touchant particulièrement les forêts.

7° *Pâturages communs.*

Il en est pour ainsi dire de même à l'égard des pâturages communs, le seigneur n'y permet point de défrichement, à moins qu'on ne se soumette d'y semer et de lui donner le sixième du produit, autrement il est défendu de toucher à la moindre ronce ou épine ; quelquefois il s'empare de certaines portions de ces pâturages qui sont à sa convenance, d'autrefois il en cède à différents particuliers.

8° *Battues.*

Rien ne prouve mieux l'esclavage dans lequel il tient ces infortunés et l'usage odieux qu'il fait de son pouvoir que de les obliger à servir à ses plaisirs quand il lui plaît et aussi souvent qu'il veut. Il les contraint de battre les bois pour lui donner le plaisir de la chasse : ce droit ainsi que tout autre, il l'exerce arbitrairement. Le laboureur qui est ainsi forcé de parcourir les bois une journée entière, ne reçoit de lui ni nourriture, ni gratification, ni paiement ; s'il se refuse à cette manœuvre, il le fait condamner à une amende pour se dédommager de la perte de son plaisir : son juge ne manque jamais de la prononcer au gré du plaignant. Il en arrive autant au premier laboureur occupé à cultiver son champ, s'il se refuse de quitter ce travail utile et nécessaire pour aller conduire le gibier tué au château du seigneur à quelque distance qu'il s'en trouve, et cette obligation n'est point prétendue, elle passe pour un devoir indispensable.

9° *Impôts de ses biens-fonds acquis.*

Ce seigneur a encore su propager les maux de ces infortunés d'une autre manière. Depuis environ quinze ans, il a réuni à ses domaines près de la douzième partie de la seigneurie. Ces nouvelles acquisitions ont aggravé la portion des impositions qui tombaient à la charge de cette terre, au point qu'on paie le tiers du revenu des terres. Il n'a voulu être imposé qu'à la portion colonique pour ses fonds acquis ; les habitants pour ne pas encourir son indignation qui se porte quelquefois à des excès violents, n'ont pas osé l'imposer en plein, quoique ce fût la règle : les particuliers ont payé la portion qui tombait à sa charge.

L'on demandera sans doute comment des abus aussi *odieux* et aussi révoltants ont pu s'introduire dans la seigneurie de Montjoye, cela ne paraîtra plus surprenant lorsqu'on sera instruit que les malheureux habitants ont souvent tenté de se procurer un allègement par les voies de la justice. Depuis plus d'un siècle ils plaident avec leur seigneur pour l'obliger à montrer les titres en vertu desquels il les opprime. Pour croiser des démarches aussi justes, les devanciers des seigneurs actuels faisaient charger de fers et emprisonner les députés des communautés plaignantes et, les qualifiant de mutins, ils les tenaient enfermés à volonté ! Le seigneur actuel a encore renchéri sur ses auteurs. Il a tenu enfermé dans le pont couvert à Strasbourg, pendant deux mois, une famille entière composée de dix chefs, auxquels il en a coûté chacun quinze louis d'or. Il en a fait emprisonner plusieurs autres. Ces sortes de violences tiennent tous ces malheureux dans la crainte et l'asservissement le plus cruel. Chaque emprisonnement a été jusqu'ici le signal de la création d'un nouveau droit; c'est d'une manière aussi étrange qu'il a su perpétuer ces différentes vexations et en créer de nouvelles.

Bref ce seigneur voudrait tout envahir parce qu'il se croit maître de tout. Il se dit propriétaire de tout ce que nous

possédons. Voici ce qu'il avance pour croire le prouver : « *Vos*
» *personnes, vos femmes, enfants appartenaient à mes ancêtres;*
» *ils avaient droit de vie et de mort sur vous, par conséquent,*
» *vos biens qui ne sont qu'un accessoire de la personne, leur*
» *appartenaient; mais les lois de douceur que prescrit le christianisme ayant empêché le droit de vie et de mort, n'ont point em-*
» *pêché l'exercice de ce qui n'était qu'accessoire.* » Ce sont les
raisons exprimées dans une signification qu'il a faite aux différentes communautés de la seigneurie dans le temps qu'on donnait suite au procès que ses sujets ont avec lui. En un mot, il
fait ce qu'il veut. On supporte à tout instant de nouvelles
charges sans pouvoir s'en défendre, de manière que les habitants de cette malheureuse terre seront bientôt forcés de
l'abandonner si personne ne daigne jeter un regard de compassion sur eux. Il fait tout ce qu'il veut : la justice se tient
dans son château; son juge, son greffier, son fiscal, étant de
sa nomination, sont aussi à sa dévotion. Leurs vues se por-
tent uniquement à le satisfaire : sa volonté fait la loi dans
les matières relatives à ses intérêts.

Au premier moment qu'ils ont appris la convocation des
états généraux du royaume et que leur roi demandait leurs
plaintes et doléances, ils ont reçu cette nouvelle comme
l'avant-coureur de leur restauration. Ils demandent de contribuer autant qu'il est en eux au bien général du royaume;
ils veulent tout sacrifier pour la gloire de leur roi et le bien
de la patrie. Pour leur en faciliter les moyens, ils espèrent
que leur seigneur sera circonscrit dans des bornes fixes et
immuables et enfin obligé d'exhiber les titres qu'on lui demande depuis si longtemps et qu'aucun moyen n'a pu lui
faire produire.

*Pour constater la vérité de l'exposé ci-dessus, les particuliers
dénommés à la suite de ce mémoire ont signé à l'original.*

AUTRE MÉMOIRE (des mêmes) adressé au directeur général des finances en confirmation du précédent.

Tout ce qui est exposé sur le mémoire que nous avons eu l'honneur de vous présenter est facile à prouver. Nous sommes tous prêts à l'affirmer par serment, par les déclarations de tous nos voisins et par des actes publics; de plus il est vrai de dire que nos maux et les vexations qu'on nous fait supporter y sont bien faiblement exprimés.

Nous n'avons pas représenté :

Qu'un particulier qui a besoin d'un pied de bois ou plus pour réparer sa maison, est obligé de faire dresser une requête, de payer la visite du maître charpentier qui coûte plus ou moins selon l'éloignement; en outre, il faut payer la marque de manière que dans un cas pressant il en coûte moins d'acheter du bois que d'en demander dans les forêts communales.

Qu'un particulier ne peut avoir de bois pour construire ses meubles de labourage, pour faire un four à chaux, dès que les murs de sa maison tombent en ruine, faute de réparation, ni pour construire des greniers à blé. — Cependant nous avons des forêts en abondance, mais il les réserve pour lui, car il les vend à ses profits.

Que toutes les amendes sont au profit du seigneur et qu'on y est condamné sur le simple rapport d'un garde que le seigneur choisit à son gré et ordinairement ce sont des hommes dont la probité est pour le moins un problème. L'on en a vu qui, après avoir fait des rapports reconnus faux même par le juge, *continuaient* d'exercer leur emploi; l'on en a même vu qui, après avoir été poursuivis au criminel par la justice et punis de bannissement des terres du prince évêque de Basle, faisaient des rapports valides dans cette seigneurie.

Que lesdites gardes dévastent nos forêts communales en les distribuant sans égard au besoin ni à la qualité de bourgeois, mais seulement aux gratifications qu'ils reçoivent.

Que le seigneur défend aux habitants des communautés de Montjoye et Vaufray de conduire leurs bois sur la rivière du Doux, ce qu'ils pourraient faire sans porter préjudice à personne, de manière qu'ils sont forcés de le voiturer par des chemins presque impraticables.

Il a contraint la communauté de Vaufray de garder ses bestiaux ; il s'est emparé d'une partie des leurs communs champois qui sont à sa convenance. De plus on construit une route à travers leurs champs sans qu'on leur ait encore assuré de dédommagement.

La voie de la justice ordinaire n'est plus un remède à nos maux. De tout temps nous avons eu recours, le plus souvent nous avons été épuisés par les frais avant que d'avoir pu obtenir d'arrêt. Si nous en avons obtenu, nous nous sommes vu condamnés aux frais et dépens pour n'avoir pas suivi les formes requises. La subtilité a toujours découvert des défauts de formalité dans nos démarches ; d'autrefois, les députés qui étaient chargés de nos procurations ont été liés, renfermés comme des criminels. Notre patience a passé par tous les degrés : nous avons vu nos pères, nos frères, nos compatriotes liés en notre présence et arrachés de leurs foyers et du milieu de leur famille désolée sans seulement qu'on ait daigné nous dire pour quelle cause ; ils n'étaient coupables d'autres crimes que d'avoir sollicité la justice.

Nous avons vu de nouveaux droits, de nouvelles charges s'accumuler sur nous sans y avoir pu mettre aucun obstacle que nos faibles réclamations. C'est donc en vain qu'il nous appelle rebelles et mutins, nous n'avons jamais fait aucun acte de violence; nous n'avons jamais employé la ruse ni la subtilité; nous nous sommes toujours servi de moyens justes et licites.

Nous sommes réduits à la dernière extrémité; un grand nombre des habitants ne peuvent plus payer les impôts malgré tous leurs efforts. L'argent qu'ils peuvent avoir est employé à acheter du grain pour leur propre nourriture tandis qu'ils donnent la sixième partie du produit de leurs champs au seigneur sans savoir si elle lui est due, puisque cette perception lui a toujours été contestée. Il a joui en attendant définition de cause; la restitution lui devient impossible; si cette dixme extraordinaire ne lui est pas légitimement due, la raison semble dicter que c'est à nous de jouir en attendant cette définition, nous obligeant de lui rendre tout ce qui lui sera légitimement dû. Nous n'avons jamais eu la liberté de faire connaître au ministre la manière odieuse dont nous sommes traités et que nous ne pourrons jamais faire comprendre. Nous faisons nos derniers efforts dans ces moments où les actes de violence sont ralentis; d'ailleurs l'état où nous sommes ne nous en fait point entrevoir de plus affreux : nous ne pouvons nous adresser qu'à ceux qui ont le pouvoir en main et dont la prévoyance s'étend sur tous les sujets de la France. Quel parti prendre pour obtenir justice? A votre clémence d'intéresser pour nous par votre médiation celle du roi!

(*Suivent une centaine de signatures, les mêmes qu'à la suite du mémoire précédent.*)

Nous avons extrait ces deux mémoires de la Collection générale manuscrite des *Archives nationales*, B. III, registre 28, bailliage de Belfort et Huningue.

N° 3.

DÉNONCIATIONS CONTRE LES SEIGNEURS ET LEURS AGENTS

(Extraites des cahiers primitifs des paysans.)

A. — Contre un seigneur laïque.

Annexé aux cahiers réduits de Guienne (B III 172, f°ˢ 368-382), le cahier primitif du bourg de Salles-en-Buch énumère les fléaux dont la paroisse est écrasée : insuffisance des récoltes des années précédant 1789, inondations et gelées. Il décrit la mauvaise qualité du sol : rien que du sable mouvant, près l'Océan, à côté de la côte de Buch.

Cependant, — y lisons-nous, — « loin d'être touché de commisération, le seigneur du lieu, le sieur de Pichard, n'a pas laissé d'expédient qu'il n'ait tenté et mis en œuvre pour rendre ladite paroisse de plus en plus malheureuse... Son agent, le féodiste Gratiollet... a tracassé et tracasse la veuve et l'orphelin et tout le public... La paroisse est vexée et pillée par cet abominable rapineur comme dans un bois. »

Suit l'énumération de ce qui est exigé du cultivateur :

Pour l'emplacement d'une cabane destinée au bétail, un boisseau de blé ;

Pour un essai de défrichement, un picotin de blé par journée, petite mesure ;

Le dixième de la paille et un charroi à Bordeaux, à dix lieues, qui ne vaut pas moins de 15 livres ;

Une corvée annuelle aux bœufs, ou à bras si l'on n'a pas de bœufs ;

Le solde en argent de ce qu'on doit en volaille, estiman les poules à 3 livres la paire et les chapons à 4 livres, dans les temps où cela vaut de 20 à 30 sols ;

De plus, le seigneur afferme le bateau sur lequel on passe la rivière d'Eyre.

Au moment même où ses vassaux étaient appelés à exprimer leurs doléances, février 1789, « le sieur de Pichard envoyait une troupe de satellites du grand prévôt les désarmer dans leurs maisons et les contraindre un chacun à dix livres d'amende sous peine d'emprisonnement. »

De quoi les habitants se plaignent au roi : — « Sa Majesté saura que le sieur de Pichard dit qu'il est un pot de fer et qu'un de terre ne doit pas lutter contre lui, et qu'il les fera punir dans les cachots, et qu'il est juge et magistrat de tous les ressorts, et qu'il les jugera comme il lui plaira... »

B. — Contre un moine seigneur.

Nous avons cité, p. 143 et 166, très brièvement les récriminations de la communauté de Flavigny en Lorraine. Nous ne saurions donner ici *in extenso* les deux mémoires, annexés au cahier de Nancy (B III 93) contre les seigneurs bénédictins. Nous en reproduisons au moins les parties principales.

1° *Fin des doléances expédiées en mars 1789.*

« ... Si les habitants de Flavigny n'obtiennent pas, contre toute attente, l'entière remise des droits seigneuriaux dont ils se plaignent, ils ont du moins la satisfaction d'espérer que les religieux bénédictins montreront enfin les titres qui les fondent. On y verra qu'en 1603, le village n'était composé que de quatorze habitants, chacun desquels payait aux anciens seigneurs les rentes et redevances énoncées à raison des terrains qui leur avaient été abandonnés. Mais, depuis les changements arrivés dans la féodalité le nombre des habitants s'est accru ; des particuliers ont acquis des terrains à prix d'argent, lesquels ne devant rien aux seigneurs, demeurent francs et quittes de toutes charges, par conséquent, en poussant les choses à l'extrême, le gros de la communauté actuelle ne devrait être chargé que de l'imposition des quatorze manants héréditaires. — Les seigneurs religieux ont si bien senti le peu de consistance qu'avaient ces droits onéreux, et que tôt ou tard ils en seraient privés, qu'ils ont plusieurs fois voulu en transiger avec leurs vassaux par la propriété et la quantité des 300 arpents de bois communaux ; il est facile de juger de l'exorbitance de ces redevances par l'indemnité demandée...

» ... En vain tous les ans, lors de la tenue des plaids annuels s'est-on efforcé de réclamer la justice, protectrice des droits et privilèges de tous les citoyens ; les juges, gardes faméliques des seigneurs, ont de tout temps eu l'adresse de fermer la bouche des représentants par la terreur de l'amende ou de la prison.

» Presque toutes les usurpations et privations énoncées au

présent cahier proviennent des anciens officiers de la communauté lesquels, étant ceux des seigneurs, soit par faiblesse ou par respect humain, ou intéressés, ont sacrifié les intérêts de leurs concitoyens...

» Telle est la situation actuelle d'une partie des sujets du meilleur des rois... Jusqu'à ce moment leurs gémissements étouffés par la crainte n'ont pu passer le toit de leurs chaumières; retenus d'un côté par l'impossibilité où les plongeait leur misère et, de l'autre, par la certitude d'une ruine assurée, ils ont dévoré en silence les maux qui les accablaient. Mais enfin, ils peuvent parler ; l'équité, la bonté du monarque chéri de la nation les rassurent contre les menaces qu'on leur a faites de tout temps de les écraser par des procès, s'ils avaient l'audace de se plaindre ; événement qu'ils ont prouvé puisqu'ils payent encore annuellement le capital de 100 livres d'or, restant des frais d'un procès contre leurs religieux seigneurs, qui se montaient à 8.000 l., procès d'autant plus malheureusement et singulièrement perdu que, dans l'instant où le parlement faisait droit sur les prétentions du seigneur, le bailliage condamnait au banissement un particulier, frère du greffier d'alors, pour avoir enlevé dans le nombre des titres de la communauté celui qui fondait la défense des habitants. Raison qui leur fait demander des officiers autres que ceux de leurs seigneurs. »

2° Conclusion du deuxième mémoire adressé au directeur général des Finances, en juin 1789.

« Votre Grandeur aura peine à croire, sans doute, qu'une portion de sujets de Sa Majesté soit l'objet de l'*animosité et de la vengeance des moines bénédictins*, leurs seigneurs, pour avoir osé obéir aux ordres du meilleur des rois, en déposant dans son sein paternel l'oppression et les surcharges sous lesquelles ils gémissent ; cependant, Monseigneur, depuis que les habitants de Flavigny, en Lorraine, ont travaillé à la rédaction de leur cahier de doléances, ils ont été étonnés que, sans respect pour l'autorité suprême, ces mêmes bénédictins aient, inhumainement et sans égard à la cherté des vivres, fait exécuter ceux de leurs vassaux en retard à défaut de payer les redevances seigneuriales, dans la vue sans doute de les intimider et les empêcher de se plaindre ; mais, certains de la protection royale, ils ont tout bravé. Ce n'était cependant pas assez faire, la crainte du passé les engage à ne rien négliger ; ils savent par expérience ce dont leurs religieux seigneurs sont capables, pour écarter la connaissance de leur conduite tyrannique envers eux, rien ne sera oublié de leur part, ils affectent déjà de beaucoup vanter leur bienfaisance qui, dans la réalité, consiste en très peu de chose. Il existe d'ailleurs un fond considérable destiné aux aumônes, et dont ils ont l'administration ; il s'en faut cependant beaucoup que les revenus soient absorbés en charités. Les habitants infortunés de Flavigny pour éviter des pièges que leurs seigneurs leur ont tendus de tout temps et se procurer la certitude d'être écoutés et entendus, sont conseillés d'adresser à Votre Grandeur, ange tutélaire de la France et protecteur des malheureux, un extrait de leurs doléances contenant uniquement leur réclamation contre les usurpations et la dureté de leurs religieux seigneurs. Daignez, Monseigneur, prendre des infortunés sous votre protection, et leur permettre de se dire les respectueux admirateurs de vos vertus. »

C. — CONTRE UN SEIGNEUR LAÏQUE.

Les habitants des Ventes d'Eavy, élection d'Arques, généralité de Rouen (B, III, 174), « ayant été empêchés de rédiger un cahier, » adressent à Necker, pour en tenir lieu, un mémoire dont voici la partie principale :

« Les législateurs de nos coutumes ont employé toute la prudence et sagesse requises pour faire régner cette paix entre le seigneur et le vassal ; rien de mieux réfléchi et de plus beau que les articles 123, 124, 125 et 126 de celle de Normandie qui les concerne ; malheureusement violés souvent par ce premier, en obligeant ce dernier à des servitudes aussi onéreuses qu'injustes. Chaque mutation, nouveaux aveux ; on y emploie toujours des augmentations de rentes et corvées. Le terrain du vassal borne-t-il celui du seigneur, son arpenteur en usurpe par un nouvel arpentage. La banalité du moulin n'est point oubliée dans l'aveu ; les aïeux du seigneur des Ventes ont acquis un moulin dans une paroisse éloignée de la seigneurie de plus d'une lieue ; il est vassal pour ce moulin d'un autre seigneur ; quoi qu'il en soit, Monseigneur, il obtient des sentences de son bailli haut justicier ! le misérable vassal est écrasé de frais de poursuite pour avoir diverti sa mouture de ce moulin, où il était pillé hardiment par le meunier du seigneur ; souvent ce dernier s'enorgueillit de sa fortune et noblesse méritée par ses aïeux et fort dégénérée d'eux sans réfléchir qu'il tient le tout du hasard et de la généreuse nature. On s'imagine d'être autorisé à chasser avec domestiques et fermiers dans les temps défendus à travers les grains des vassaux, quand ils ont déjà la douleur amère de les voir dépérir journellement par les ravages des bêtes fauves, des lièvres, des lapins et autres vermines. Quelle reconnaissance, Monseigneur, on vous aurait si vous en débarrassiez le public ! Et en outre des pigeons, ou au moins de les faire enfermer lors de la façon des grains pour éviter tous les dommages qu'ils y font..... »

D. Contre un seigneur laïque.

En terminant l'énumération des excès féodaux, dont le détail n'a pu être consigné dans le cahier réduit du tiers état de la sénéchaussée de Limoux, détail qui est adressé directement au ministère, les trois communautés de Peyrat, de la Bastide et de Villaret écrivent :

« *De tous ces droits que le seigneur exige, il n'en est pas peut-être deux dont il puisse rapporter le titre primitif* auquel lesdites communautés plaignantes désireraient de s'en tenir. Des féodistes adroits et des vassaux ignorants lui en ont concédé des nouveaux à l'époque de chaque reconnaissance : aussi les suppliants sollicitent la permission de se racheter de tous les droits qui sont légitimement dus audit seigneur, et même de celui de champart ou d'agrier qui décourage et ruine totalement l'agriculture, car il est évident qu'un si grand nombre de droits seigneuriaux exigés sans ménagement dans les années même les plus défectueuses nous accablent et nous emportent notre substance et notre sueur ; que des subsides si onéreux établis dans des siècles de ténèbres doivent être abolis dans ce siècle de lumières, et sous le règne de Louis XVI, le meilleur des rois, qui ne désire rien tant que de rendre ses peuples heureux.

« Ce sont, Sire, les très humbles et très respectueuses représentations et doléances que présentent

A votre Majesté, ses très soumis serviteurs et très fidèles sujets les consuls des communautés de Peyrat, de la Bastide et de Villaret.

(*Suivent les signatures du maire et des consuls.*)

E. Contre l'abbaye de Marchiennes.

Les cahiers primitifs de la gouvernance de Douai, dont la

majeure partie a été reproduite au troisième volume des Archives parlementaires, 1re série consacrée aux élections de 1789, sont remplis de récriminations contre l'abbaye de Marchiennes exerçant « sans titres », avec la dernière rigueur, ses droits féodaux, usurpant les marais et les chemins communaux.

Entre vingt extraits à choisir, donnons celui-ci, du cahier de la communauté de Beuvry.

« Le village de Beuvry a été ruiné totalement à plusieurs reprises, et écrasé par les procédures qu'il lui a fallu soutenir depuis plus de trois siècles avec l'abbaye de Marchiennes, tant pour le droit odieux de mainmorte que pour la dîme, le terrage et les rentes. Tous ces droits ont été usurpés à la longue sur la communauté ; une sentence du gouvernement de Douay du 10 juin 1444 avait défendu à l'abbaye de percevoir ce droit ; en 1515, l'abbaye renouvela sa prétention contre 133 particuliers ; les magistrats des villages étant nommés par les seigneurs, et toujours choisis parmi leurs fermiers et créatures, les habitants ont toujours leurs intérêts abandonnés, dès qu'ils sont opposés à ceux des seigneurs ; l'abbaye a toujours fait autant de procès qu'il y avait des particuliers, ce qui les a écrasés. En 1699, les habitants furent obligés de s'inscrire en faux contre plusieurs dénombrements produits par l'abbaye ; par sentence du 31 janvier 1708, l'abbaye fut déboutée de ses prétentions, en payant par les habitants pour droit de dîme trois du cent conformément à leurs offres et a condamné l'abbaye à la restitution de ce qu'elle avait perçu au delà de cette quotité.

La multitude des habitants n'a jamais pu se défendre, parce qu'on les a forcés de plaider chacun en leur particulier ; leur ruine occasionnée par les frais a opéré l'établissement de tous les droits dont ils sont chargés. Une enquête tenue en 1698, par le lieutenant général de la gouvernance de

Douay, et composée de 48 témoins, prouve que les religieux de l'abbaye, à l'aide de leurs fermiers qui étaient des gens de loi, ont enlevé furtivement la ferme qui était dans l'église, et qui contenait tous les titres du village. On sonna l'alarme inutilement.

« La communauté avait une taille dans le bois nommé la « queue de la prairie », dont elle avait accordé la jouissance pour un certain temps à l'abbaye en considération des grès et des pierres qu'elle donnait pour réparer les chemins ; le temps de cette concession allait expirer, lors de l'enlèvement de la ferme.

« La communauté dépourvue de ses titres, l'abbaye a fait tout ce qu'elle a voulu tant par crainte, menaces, que par l'effroi des procédures.

« Il y a encore, par exemple, les 22 bonniers de prairie que l'abbaye possède, dite la prairie de Canebray ; elle appartenait anciennement à la communauté. L'abbaye a obtenu la première coupe des herbes par chirographes du 7 mars 1398, moyennant la cession à la communauté du droit de pâturage dans tous les bois de l'abbaye ; aujourd'hui non seulement l'abbaye a prétendu exclure le pâturage des bois, mais elle fait payer à chaque tête des bestiaux qui vont pâturer les secondes herbes de Canebray.

« Le roi, par son édit du mois d'août 1779, a supprimé le droit de mainmorte et de servitude dans ses domaines ; nous espérons que Sa majesté daignera supprimer et abolir de son autorité celui usurpé par l'abbaye, et qu'elle obligera cette abbaye à nous donner l'ouverture de ses archives, pour revenir de tous les droits usurpés sur nous malgré toute possession, puisqu'elle n'en a jamais eu de légitime, depuis 1441 que les procédures ont commencé ; et que pour obvier aux inconvénients dont nous avons été les victimes, nos ancêtres et nous depuis plus de trois siècles il sera ordonné que les magistrats ou autres administrateurs des paroisses de campagne soient choisis à la pluralité des voix et renouvelés tous les ans, lors de la reddition des comptes, ou prorogés d'après une assemblée des communes. Si on est mécontent de leur administration, chaque année la nouvelle administration pourra censurer celle de l'année précédente, et celle qui va être établie pourra réviser tous les comptes des communautés depuis dix ans...... »

N° 4.

DROITS REPRÉSENTATIFS DE L'ANCIENNE SERVITUDE

Corvée seigneuriale.

La corvée seigneuriale, — qu'il ne faut pas confondre avec la corvée royale pour la confection et la réparation des routes et chemins, — consistait en fourniture effective du travail de l'homme, de son bœuf ou de son cheval, un certain nombre de jours par an. Souvent elle était acceptée pour son équivalent en argent, 20 sous par journée d'animal, 5 sous par journée d'homme, plus la nourriture évaluée selon l'usage de la contrée.

Tocqueville, d'après les feudistes, dit qu'elle était fort rare au dix-huitième siècle. Les cahiers de 89 prouvent qu'elle subsistait dans toutes les parties de la France : au Nord, du Cambrésis aux villages les plus rapprochés de Paris, comme Noisy-le-Sec et Choisy-le-Roi; — à l'Est, d'Alsace au pays de

Gex, dans les Trois-Évêchés, la Franche-Comté, la Bourgogne ; — au Centre, dans la Marche, le Forez, le Beaujolais et la campagne de Lyon, dont le cahier réclame avec insistance la suppression de « la corvée à miséricorde et de servitude personnelle »; — à l'Ouest, en Normandie, en Bretagne, en Poitou ; — au Midi, en Guyenne, en Languedoc, jusqu'en Bigorre.

Taille seigneuriale.

Le serf, dans la rigueur du droit féodal, était taillable à merci, *ad misericordiam*, c'est-à-dire que son seigneur avait droit de lever sur lui telle prestation en nature et en argent qu'il lui plairait. Par rapport à la corvée, la taille équivalait au cens, et le plus souvent consistait en redevance pécuniaire *abonnée* par an, ou payable en certains cas déterminés. Dans ces cas on l'estimait, dit M. Granier de Cassagnac (*Histoire des causes de la Révolution*, I, 97) au double du cens habituel, et on l'appelait dans plusieurs contrées, à cause de cela, « doublage. »

Dans un très grand nombre de cahiers on trouve des plaintes contre la taille, « vestige de la servitude personnelle et du despotisme féodal. »

Droits dont les causes n'existaient plus.

Dans les pièces relatives aux élections de Châlon-sur-Saône, nous relevons une plainte des habitants de Tragne, relative aux 107 mesures d'avoine qu'ils étaient obligés de fournir comme représentant l'exemption du « guet et garde » dans la citadelle de Châlon, — laquelle n'existait plus.

La mention — « suppression des droits insolites, n'ayant

plus de raison d'être, » — est très fréquente dans les cahiers réduits des bailliages et sénéchaussées.

On cite, dans les cahiers primitifs des communautés rurales, les noms d'une foule de droits, dont il est impossible de retrouver la définition dans beaucoup de feudistes du XVIIIe siècle et même du XVIIe siècle.

On était encore obligé, en 1789, de payer en argent, en volailles ou corvées, à l'arbitraire du seigneur... pour réparation des châteaux forts que Louis XI et Richelieu avaient rasés !

En Franche-Comté, on payait pour réparation des fossés... comblés, et le vassal acquittait les *ports-de-lettres* du seigneur. (Cahier du tiers état du bailliage d'Amont, à Vesoul).

Droits humiliants.

De toutes parts, les cahiers de 89 réclament la suppression des indemnités, des droits féodaux « inconciliables avec la liberté de l'homme et sa dignité », honorifiques pour les uns, « humiliants » pour les autres.

Dans un mémoire spécial des habitants de Vitrolle, viguerie de Sisteron (*Archives Nationales*, B III 174), nous constatons que dans cette vallée, notamment à Barcelonnette, chaque paysan devait payer cinq sous en chacun des six cas qualifiés impériaux et royaux que voici :

» 1° Lorsque le seigneur partait pour la terre sainte,

» 2° Lorsqu'il allait à la guerre par ordre du roi,

» 3° Lorsqu'il était fait prisonnier, pour sa rançon,

» 4° Lorsqu'il mariait une de ses filles,

» 5° Lorsqu'il allait voir le prince pour obtenir quelque faveur pour lui et ses vassaux,

» 6° Lorsque ses enfants étaient reçus chevaliers de Malte. »

Les cas n°s 2, 4, 5 et 6 étaient très fréquemment applicables au xviii° siècle.

Le Mémoire de Vitrolle, déjà cité, contient ces curieux détails sur les fréquentes « reconnaissances », auxquelles était obligé l'habitant de Barcelonnette:

« C'est par devant des commissaires à son choix et à sa dévotion qu'on y reconnaît tête nue, les mains jointes et les deux genoux à terre, que le seigneur de la vallée en est le seul seigneur, comme si le roi n'était pas le premier, le seul et l'unique; que ledit seigneur est fondé en toute juridiction, haute, moyenne, mixte et impaire; qu'il a la directe universelle sur tout le terroir, et que Pierre ou Jacques est son homme lige ou justiciable, et qu'en conséquence il lui fait hommage et prête le serment de fidélité, en lui procurant non son dommage, mais en tout son avantage.

« Quelle triste cérémonie pour un Français, pour un homme libre, mais qui ne l'est pas; cette humiliante posture, qui ne devrait être consacrée par le vrai chrétien qu'en faveur de la divinité, à peine suffit-elle pour nourrir l'orgueil d'un homme impérieux et superbe, qui foule aux pieds son semblable et qui abuse de l'autorité de la justice émanée du trône en se faisant reconnaître à peu près tout ce qu'il veut. C'est dans les siècles d'ignorance et de ténèbres que cette barbarie s'est accréditée et établie, mais il était réservé à Louis, au plus chéri des rois, d'extirper même les moindres vestiges de la tyrannie. »

N° 5.

LISTE DES LOIS DE LA RÉVOLUTION QUI ONT ABOLI LA FÉODALITÉ.

Assemblée nationale

4 *août* 1789 — Nuit. — *Abolition de la féodalité.* — Louis XVI proclamé « restaurateur de la liberté française. »

11 *août* 1789. — Rédaction en décrets des arrêtés du 4. — Abolition du *régime féodal* et *justices seigneuriales, de la vénalité des offices* de judicature et de municipalité. (Décret sanctionné le 3 novembre.)

28 *septembre* 1789. — Suppression du droit de *franc-fief* et ordre de cesser les poursuites y relatives.

16 *novembre* 1789. — Décret abolissant les provisions de judicature, les droits de *centième denier et de mutation.*

24 *février* 1790. — Abolition des *droits féodaux honorifiques.*

15 *mars* 1790. — Décret général sur la *suppression et le*

rachat des droits féodaux; *défense de créer à l'avenir des rentes foncières non rachetables*; suppression des *droits d'aînesse et de masculinité*, sauf quelques exceptions (sanct. le 28).

19 *avril* 1790. — Décret abolissant les droits de *ravage, péage, fuutrage*, etc. (sanct. le 23).

22 *avril* 1790. — Décret portant défense de *chasser* sur le terrain d'autrui. (sanct. le 30).

3 *mai* 1790. — Décret général sur le principe, mode, taux du *rachat des droits seigneuriaux*, déclarés rachetables par les articles 1 et 2 du décret du 15 mars (sanct. le 25.)

15 *mai* 1790. — Décret portant *interprétation* des art. 30 et 31 du titre II du décret du 15 mars (sanct. le 26).

17 *mai* 1790. — Décret portant que toute demande en *retrait féodal ou censuel* doit demeurer sans effet (sanct. le 21).

15 *juin* 1790. — Instruction à l'administration sur les *droits féodaux*; invitation aux habitants des campagnes de payer *ceux qui ne sont pas supprimés* ou qui sont déclarés *rachetables*.

18 *juin* 1790.—Décret ordonnant que le paiement de *la Dîme* pour 1790 et celui des *redevances foncières et en nature* sont supprimés jusqu'au rachat (sanct. le 23).

19 *juin* 1790. — Suppression de *la noblesse héréditaire*, des titres de comte, marquis, etc.

20 *juin* 1790. — Suppression des *droits de chevalerie*, titres, *livrées, armoiries*.

3 *juillet* 1790. — Décret additionnel à celui du 3 mai sur le *rachat des droits féodaux* (sanct. le 23).

19 *juillet* 1790. — Abolition du *retrait lignager, de mi-de-*

18.

nter, escart et de plusieurs autres droits de même nature (sanct. le 23).

26 juillet 1790. Décret relatif aux *droits de voirie* et de *plantation d'arbres sur les chemins publics* (sanct. le 15 août).

6 août 1790. — Abolition du droit *d'aubaine et de détraction* (sanct. le 18).

19 septembre 1790. — Décret sur les formalités de *nantissement, vest et devest,* succession de *biens féodaux ou censives,* révision des cantonnements de *bois communaux* prononcés depuis moins de trente ans (sanct. le 27).

14 novembre 1790. — Conditions auxquelles les tuteurs et curateurs pourront liquider les *rachats des droits féodaux* qui leur seront offerts (sanct. le 19).

29 novembre 1790. — *Les seigneurs hauts-justiciers* ne seront plus chargés des *enfants trouvés* de leur territoire; il sera pourvu par la nation à la subsistance de ces enfants.

1er décembre 1790. — Les *fermiers* obligés à payer aux propriétaires, à compter de 1791, la valeur de la *dîme ecclésiastique et inféodée* (sanct. le 12).

13 décembre 1790. — Décret sur le rachat des *rentes foncières*; défense d'en créer d'inachetables, etc. (sanct. le 29).

5 avril 1791. — Décret maintenant jusqu'en janvier 1792 les *rentes, dîmes* dues aux *hôpitaux, maisons de charité.*

8 avril 1791. — Décret sur *les successions ab intestat;* — abolition *du droit d'aînesse* qui n'est conservé qu'en faveur des personnes mariées et veuves ayant des enfants (sanct. le 15).

13 avril 1791. — Abolition de plusieurs *droits seigneuriaux,* mode de *rachat* des droits conservés (sanct. le 20).

13 *avril* 1791. — Suppression du *droit d'aubaine et de détraction*, même aux colonies.

30 *mai* 1791. — Décret sur les *Domaines congéables*.

7 *juin* 1791. — Autre décret sur les *Domaines congéables*, les droits *successifs* et *matrimoniaux* y relatifs; liberté de faire les *baux* qu'il plaira aux parties (sanct. 6 août).

12 *juillet* 1791. — *Mines et minières* à la disposition de la nation ne pourront être exploitées sans son consentement; obligations des concessionnaires par rapport à la nation et aux particuliers propriétaires des mines.

23 *juillet* 1791. — Remboursement par la caisse de l'extraordinaire à ceux qui ont acquis des *domaines* ou des *justices seigneuriales* et des *droits féodaux* depuis la suppression sans indemnité.

13 *septembre* 1791. — Défense à tout homme de porter les marques distinctives des ordres supprimés.

15 *septembre* 1791. — Décret sur le rachat des *droits ci-devant seigneuriaux* (sanct. 9 novembre).

15 *septembre* 1791. Mode et taux du *rachat des droits ci-devant seigneuriaux* dont étaient grevés les biens possédés à titre de *bail emphytéotique* ou de *rente foncière perpétuelle* (sanct. 16 octobre.)

15 *septembre* 1791. — Administration forestière; — chaque propriétaire, libre *d'administrer ses bois* et d'en disposer comme bon lui semble.

27 *septembre* 1791. — Défense à tout citoyen français de prendre aux actes les *titres* de qualifications supprimées. (sanct. le 16 octobre).

28 *septembre* 1791. — Décret sur la *police rurale*, les *droits et usements ruraux* (sanct. 6 octobre).

29 *septembre* 1791. — Décret sur la suppression des *redevances annuelles* sujettes à la retenue du cinquième (sanct. le 22 octobre).

Assemblée législative

6 *avril* 1792. — Prohibition de tous *costumes ecclésiastiques*, religieux, et religieuses.

23 *avril* 1792. — Suppression des *pèlerins* et pèlerines *de toutes couleurs*.

19 *mai* 1792. — Abolition de toute espèce de *retrait*.

18 *juin* 1792. — Abolition *sans indemnité* de tous les *droits féodaux et censives*, et de tous ceux qui en sont représentatifs (dérogeant aux articles 1 et 2 du titre 3 du décret du 15 mars 1790, etc.); ne seront exceptés que les droits dont les propriétaires auront justifié être le prix d'une *concession de fonds* (sanct. le 6 juillet).

19 *juin* 1792. — Les *titres généalogiques* se trouvant dans les dépôts publics, brûlés.

11 *août* 1792. — Suppression de la prime accordée par arrêt du conseil de 1789 pour *la traite des nègres*.

14 *août* 1792. — Les *propriétés communales* partagées entre les habitants des communes ; les biens d'émigrés donnés à rente par *petits lots*.

14 *août* 1792. — Ordre d'enlever les statues, bas-reliefs, inscriptions, etc., rappelant la féodalité.

20 *août* 1792. — Décret sur le mode de *rachat successif et* *divis des droits fixes de casuel ci-devant féodaux*; sur la *pres-cription* et les *arrérages des rentes foncières*.

25 août 1792. — Suppression *sans indemnité de tous les droits féodaux,* dont le titre primitif ne prouve pas qu'ils sont le prix d'une concession, notamment ceux de *bac ou servitude d'eau* provisoirement conservés par décret du 15 août 1790; suppression du droit de *rabatement de décret,* usité dans le ci-devant parlement de Toulouse.

27 août 1792. — Abolition de la *tenure convenancière*; les domaniers rendus propriétaires de fonds.

28 août 1792. — Rétablissement des *communes* et des *citoyens* dans les propriétés et droits, dont ils ont été dépouillés par l'effet de la *puissance féodale.*

Convention nationale

25 octobre 1792. — Réglement relatif aux *substitutions* ouvertes ou à ouvrir; (le troisième article de ce réglement n'a été décrété que le 14 novembre).

14 novembre 1792. — Loi sur les *substitutions* ouvertes lors de la loi du 25 octobre.

9 janvier 1793. — Loi relative au *droit d'aînesse*, réservé dans les successions *ab intestat* en faveur des personnes puînées ou veuves sans enfants.

12 février 1793. — Loi interprétative des art. 18 et 19 du décret du 25 août 1792 sur les *rabattements de décret.*

7 mars 1793. — Loi qui abolit la *faculté de disposer de ses biens* en *ligne directe* soit à cause de mort, soit entre vifs, soit par donation contractuelle.

18 mars 1793. — Peine de mort contre quiconque propose une loi agraire ou toute autre subversive des propriétés territoriales.

10 juin 1793. — Loi concernant le *partage des biens communaux*.

30 juin 1793. — Loi sur la recette, comptabilité, emploi des fonds provenant *de vente des bois communaux*.

4 juillet 1793. — Les *enfants trouvés* porteront le titre « d'enfants de la patrie. »

3 juillet 1793. — Premier plan de *Code civil* en France, lu au comité de législation par Durand-Maillane.

17 juillet 1793. — Loi qui *supprime sans indemnité toutes redevances ci-devant seigneuriales et droits féodaux*, même ceux conservés dans le décret du 25 août 1792, et qui oblige à *brûler tous les titres de la féodalité*.

27 juillet 1793. — Loi qui supprime *les primes pour la traite des nègres*.

8 août 1793. — Loi interprétative de l'art. 12 de la loi du 10 juin sur le partage des *biens communaux*.

22 août 1793. — Arrêt du comité de législation. Cambacérès soumet à la discussion le plan du nouveau *Code civil*; les dispositions générales et les 8 premiers titres sont adoptés : *Mariage, droits des époux, des enfants, rapports entre père, mère, et enfants; divorce, adoption, tutelle.*

2 septembre 1793. — Abolition de la faculté de *retrait* accordée au mari et à ses héritiers par l'art. 332 de la coutume de Normandie.

9 vendémiaire an II. (30 sept.) — Abolition de l'espèce de *retrait* accordé à l'aîné par l'art. 286 de la coutume de Normandie.

11 vendémiaire an II. (2 oct.) — Les procès des communes

relativement aux *biens communaux* ou *patrimoniaux*, jugés par la voie de l'arbitrage.

18 *vendémiaire an II.* — Ordre du jour relatif aux *successions* à partager entre enfants issus de deux mariages dans les coutumes de *dévolution*, motivé sur l'art. 1ᵉʳ du décret du 8 avril 179 .

21 *vendémiaire an II.* — Les plaques de cheminée, portant des *signes de féodalité*, seront retournées.

1 *brumaire an II.* — Loi qui défend d'exiger des colons ou métayers aucune *prestation féodale, dîme, rente,* etc., si elles ont été stipulées dans des *baux postérieurs à leur suppression.*

5 *brumaire an II.* — Dispositions nouvelles, sur *testaments, donations entre vifs ou contractuelles, ordre de succession,* etc.

7 *brumaire an II.* — Impression du *Code civil*, présenté par le comité de législation.

9 *brumaire an II.* — Une loi annule des jugements rendus sur *procès intentés* depuis 1792 pour *droits féodaux.*

10 *brumaire an II.* — La dénomination de *commune*, substituée à celle de ville, bourg et village.

13 *brumaire an II.* — La rédaction du *Code civil*, renvoyée à une commission de six membres à nommer par le comité de salut public.

19 *brumaire an II.* — Loi interprétative du décret du 10 juin sur les *biens communaux.*

8 *frimaire an II.* — Loi interprétative et confirmative de celles qui ont aboli le *privilége exclusif de la pêche.*

17 *nivôse an II.* — Loi sur les *donations et successions.*

26 *nivôse an II.* — Loi sur le partage des *bois communaux,* actuellement coupés.

28 *nivôse an II.* — Loi interprétative de celles du 25 août

1792 et du 9 brumaire an II sur les *droits féodaux*; réglant ce qui est relatif aux *successions des ci-devant mainmortables,* ouvertes avant le 14 juillet 1789.

8 *pluviôse an II.* — Défense d'insérer dans les actes aucune clause ou expression rappelant *le régime féodal ou nobiliaire* et confection d'un *grand livre des propriétés territoriales.*

16 *pluviôse an II.* — *Abolition de l'esclavage des nègres,* votée d'enthousiasme, députés blancs et de couleur s'embrassant.

28 *pluviôse an II.* — Loi interprétative de celle des *substitutions,* quant aux effets passés.

22 *ventôse an II.* — Décret interprétatif de la loi du 17 nivôse sur les *successions.*

23 *ventôse an II.* — Les contestations entre héritiers et donataires au sujet des successions, réglées par la voie de l'arbitrage.

12 *germinal an II.* — *Loi qui abolit l'esclavage dans toutes les colonies,* et donne les droits de citoyens français à tous les gens de couleur.

19 *floréal an II.* — Est compris dans la suppression des *retraits, le retrait de convenance ou successoral.*

29 *floréal an II.* — Rappelant que les *rentes convenancières* sont comprises dans la suppression des droits féodaux sans indemnité : loi du 17 juillet 93.

2 *prairial an II.* — *Les baux à culture perpétuelle* sujets au rachat.

29 *messidor an II.* — Réunion au domaine national de l'actif et du passif des *hôpitaux.*

29 *fructidor an II.* — Ordre d'imprimer le nouveau *Code civil*; rapport de Cambacérès.

24 *frimaire an III*. — Les femmes mariées selon la coutume de Reims admises, en cas de divorce, à partager avec leurs maris les meubles et conquêts immobiliers de leur mariage.

15 *germinal an III*. — *Loi sur les baux à cheptel.*

18 *germinal an III*. — Décret ordonnant que la discussion du *Code civil* ait lieu trois fois par semaine.

29 *germinal an III*. — Etablissement d'écoles d'*économie rurale et vétérinaire*, à Versailles, à Lyon.

4 *floréal an III*. — Les actions intentées à l'occasion de l'effet rétroactif de la loi du 17 nivôse sur les successions sont suspendues.

26 *prairial an III*. — Manière de percevoir l'*enregistrement* sur le prix des *baux stipulés payables en denrées*.

20 *messidor an III*. — Etablissement des *gardes champêtres* dans toute l'étendue de la République, *police rurale, attributions* des *juges de paix*.

2 *thermidor an III*. — Les fermiers ou locataires de *baux stipulés en argent* obligés à payer aux propriétaires *moitié* de leurs fermages *en grains*.

1er *fructidor an III*. — Interprétation de la loi du 15 germinal sur les *baux à cheptel*.

9 *fructidor an III*. — Les lois sur les *successions* du 5 brumaire, du 17 nivôse an II, n'auront d'effet que le jour de leur promulgation.

3 *vendémiaire an IV*. — Mode d'exécution de la loi sur les *successions* du 9 fructidor.

3 *brumaire an IV*. — Loi interprétative de celle du 2 thermidor an III sur les *fermages en grain*.

Directoire. — Conseils des Cinq-cents et des Anciens.

13 frimaire an IV. — Mode de paiement à défaut de *grain*, de la partie des *fermages* dus en nature.

15 germinal an IV. — Mode de paiement des *obligations*, des *loyers, fermages, dépôts.*

20 messidor an IV. — Nouveau *Code civil* présenté par Cambacérès, au nom de la commission de la classification des lois.

thermidor an IV. — *La liberté des transactions.* Les citoyens peuvent stipuler, tester pour telles valeurs qu'il leur plaît.

29 thermidor an IV. — Loi sur la répression des *délits ruraux.*

18 fructidor an IV. — Mode de paiement des *fermages arriérés.*

21 fructidor an IV. — Mode de paiement des *loyers et maisons.*

28 vendémiaire an V. — Arrêté du Directoire interdisant de *chasser* dans les forêts nationales.

17 frimaire an V. — Loi sur les *enfants abandonnés*; leur tutelle à l'administration municipale.

2 prairial an V. — Loi qui ôte aux *communes* la faculté d'aliéner ou échanger leurs biens.

9 fructidor an V. — Loi sur la liquidation et le paiement des *fermages* dus pour l'an III, IV, et antérieurs.

9 brumaire an VI. — Loi qui maintient propriétaires fonciers les bailleurs des *domaines congéables*, etc., et qui abroge les lois des 23 et 27 août 1792.

6 *messidor an VI*. — Loi additionnelle à celle du 9 fructitor an V, sur la liquidation des fermages dus.

23 *messidor an VI*. — Arrêté directorial sur la *police et le droit de pêche*.

2 *thermidor an VI*. — Loi sur le *bail à cheptel* et de croit dont le preneur rendra à la sortie le bétail au propriétaire.

28 *brumaire an VII*. — Loi accordant aux *communes* la jouissance des *forêts nationales*, dont la propriété leur a été attribuée et à l'exploitation desquelles il a été sursis par la loi du 17 brumaire an III.

6 *frimaire an VII*. — Régime, police, administration des *bacs* et *bateaux* sur les fleuves, rivières et canaux navigables.

Consulat

4 *thermidor an VIII*. — Avis du conseil d'Etat. Les *baux à complant*, usités dans le département de la Loire-Inférieure, ne peuvent être assimilés aux *rentes féodales* et ne donnent au preneur aucun droit sur la propriété.

16 *nivôse an IX*. — Création d'une nouvelle *administration forestière*.

9 *frimaire an X*. — Portalis, Berlier et Boulay (de la Meurthe) présentent au Corps législatif le premier projet de loi du *Code civil*.

30 *floréal an X.* — Etablissement d'un *droit de navigation* sur les fleuves et rivières navigables.

13 *messidor an X.* — Arrêté défendant aux *noirs* d'entrer sans autorisation sur le territoire continental de la République.

30 *pluviôse an XI.* — Avis du conseil d'État sur la suppression *des prestations établies par titres constitutifs de redevances seigneuriales et droits féodaux.*

En ventôse et germinal an XI. — 13 titres du *Code civil* sont adoptés.

N° 6.

ABOLITION DU SERVAGE EN EUROPE

A la fin du xviiie siècle le servage était encore très répandu en Allemagne, en Pologne et en Russie.

En Prusse, dès 1717, Frédéric-Guillaume I avait fait disparaître la servitude pure de ses domaines. Le code de Frédéric II dit le Grand ne reconnaissait pas le « servage complet » mais maintenait la « soumission héréditaire. » Celle-ci ne disparut que par l'effet de l'invasion française, en 1809.

En Autriche, Joseph II avait, comme Frédéric, détruit le « servage complet »; ce fut encore la propagande armée de la France qui abolit la « soumission héréditaire » en 1811.

Dans les autres États allemands, le servage disparut, toujours sous l'influence française, et quelquefois même par décrets du conquérant Napoléon : dans le grand-duché de Berg, les territoires d'Erfurth, Baireuth, etc., en 1808; en Bavière et en Westphalie, 1808-1809; en Lippe-Detmold, 1809; en Schaumburg-Lippe, 1810; dans la Poméranie Suédoise, 1810; dans le Hesse-Darmstadt, 1809-1811.

Il subsista jusqu'en 1817 dans le Wurtemberg; 1820, dans le Mecklenbourg; 1824, dans l'Oldenbourg; 1832, en Lusace; 1833, à Hohenzollern-Sigmaringen.

La Russie et la Pologne conservèrent en dehors du domaine de l'État, appartenant à des maîtres particuliers, comptés par têtes — de bétail — comme constituant la fortune de ces maîtres, plus de vingt et un millions de serfs jusqu'au 19 février 186 . A cette date, le tsar Alexandre II (1), prononça l'abolition du servage aux trois conditions suivantes :

« 1º Que les serfs recouvraient immédiatement les droits civils des classes rurales libres, et que l'autorité du seigneur serait remplacée par le *self-government* communal;

» 2º Que les communes rurales conserveraient autant que possible la terre qu'elles possédaient actuellement et devraient en retour payer aux propriétaires certaines redevances en argent ou en labeurs ;

» 3º Que le gouvernement aiderait les communes, au moyen du crédit, à racheter ces redevances, ou, en d'autres termes, à acquérir les terres qui leur étaient cédées en usufruit. »

Ces serfs russes et polonais étaient liés à la glèbe, comme les anciens mainmortables de France, et amalgamés en communautés indivises d'une façon assez ressemblante à la condition de nos derniers serfs du Mont-Jura et surtout du Nivernais.

Quant à ceux qui, sans terre, étaient attachés à la personne du seigneur, domestiques sans gages, héréditairement voués à la domesticité comme les esclaves antiques, la loi émancipatrice de l'empereur de Russie les obligea à rester deux ans ce qu'ils étaient, et les laissa libres de vivre ensuite comme ils pourraient, sans leur garantir ni terre ni pécule.

(1) V. la *Russie*, par O. Mackensie Wallace, trad. fr., 1877, in-8º t. II, p. 268-269.

Quant aux serfs d'État, dont le nombre était peut-être aussi considérable que celui des autres, ils existaient depuis Pierre I et Catherine II, dans une situation imtermédiaire qui n'était plus la servitude et qui n'était pas la liberté. Des ukases du 7 septembre 1859 et du 23 octobre 1861 corrigèrent le régime spécial qu'ils subissaient. En 1866, dit le célèbre voyageur et correspondant anglais, « ils furent placés, en ce qui regarde l'administration, sur le même niveau que les serfs émancipés des propriétaires. Règle générale, ils possédaient plus de terre et avaient à payer des redevances un peu moins lourdes que les serfs émancipés pris dans le sens le plus étroit du terme. »

On comprend aisément en quoi ce très tardif affranchissement diffère de celui opéré par les Français de la Révolution. Il ne fit pas citoyens les anciens esclaves et il endetta les cultivateurs qui s'estimaient propriétaires collectifs de temps immémorial, tout en ruinant les seigneurs.

Pour qu'il créât spontanément la propriété individuelle et toutes les conséquences sociales qui en découlent, il eût dû coïncider avec une émancipation politique générale. Celle-ci ayant été, après une tentative incomplète, abandonnée par le tsarisme, l'émancipation même fournit un vaste champ à exploiter, aussi bien dans la caste nobiliaire que dans la population rurale, à ce qu'on appelle vulgairement *le nihilisme*, à ce qui n'est, en somme, que l'ensemble négatif des oppositions de toute nature qui devaient être logiquement suscitées par la conservation obstinée de l'autocratie impériale au sommet d'une société en évolution naturelle.

1789 a prouvé qu'il n'y a pas de révolution politique qui réussisse sans révolution sociale.

1861 prouve qu'une révolution sociale, despotiquement essayée, ne résoud rien et provoque une révolution politique.

Un prochain avenir prouvera qui a eu raison de la France ou de la Russie.

Il a fallu près d'un siècle à la France pour trouver son équilibre politique et social. Nous souhaitons qu'il en coûte à la Russie moins de temps et moins de désastres pour devenir une démocratie libre.

TABLE DES MATIÈRES

Première partie. — *La campagne de Voltaire et de Christin, 1767-1779.*

	PAGES.
I. — Le seigneur de Ferney.	1
II. — L'Avocat des serfs.	3
III. — Première requête au roi contre les chanoines.	6
IV. — Christin à Paris.	8
V. — Action énergique de Voltaire	11
VI. — La *Voix du curé*	15
VII. — Christin à Saint-Claude.	20
VIII. — Propagande du *Dictionnaire philosophique*.	22
IX. — Procès perdu, action nouvelle	30
X. — Mémoire contre la Coutume	33
XI. — Supplique des serfs.	40
XII. — Les spectres de Chézery.	43
XIII. — Nouvelle requête au roi.	47
XIV. — Boncerf et les *Inconvénients des droits féodaux*.	49
XV. — Colère voltairienne.	55
XVI. — Mémoire pour l'entière abolition de la servitude en France.	58
XVII. — Chute de Turgot.	62
XVIII. — Mort de Voltaire	66
XIX. — L'édit du 10 août 1779	69

Deuxième partie. — *Les serfs électeurs, 1779-1789.*

I. — Le dernier feudiste.	77
II. — L'abbé Clerget et *le Cri de la raison*	84
III. — La *Protestation* du marquis de Villette	91

		PAGES.
IV. —	Préparation des élections de 1789 en Franche-Comté	97
V. —	L'assemblée de Saint-Claude.	101
VI. —	Les doléances des habitants du Mont-Jura.	107
VII. —	Le droit du seigneur	114
VIII. —	L'immoralité féodale	121
IX. —	Suite du cahier des mainmortables.	128
X. —	Les usurpations des moines et chanoines.	135
XI. —	Les droits sans titres ou sur titres faux	142
XII. —	Conclusions du cahier des serfs.	148
XIII. —	Les élections du bailliage d'Aval.	151

Troisième partie. — *La nuit du 4 août 1789.*

I. —	Le servage et les cahiers de Franche-Comté.	155
II. —	Le servage en Bourgogne.	162
III. —	Le servage en Alsace, en Lorraine et dans les Trois-Évêchés.	165
IV. —	Le servage dans les provinces du Nord et en Champagne.	170
V. —	Le servage en Auvergne et dans la Marche	177
VI. —	Le servage dans le Bourbonnais, le Nivernais et le Berry.	180
VII. —	Ce qu'il restait de serfs en 1789.	188
VIII. —	Soulèvement électoral contre la mainmorte et toute servitude	192
IX. —	La Révolution dans les campagnes.	196
X. —	La nuit du 4 août.	203
XI. —	Effet immédiat de l'abandon des privilèges	214
XII. —	Essais ecclésiastiques de réaction	220
XIII. —	Promulgation des arrêtés abolitifs.	228
XIV. —	Le dernier des serfs devant l'Assemblée nationale.	235
XV. —	Suppression définitive de la mainmorte et de tout ce qui en dérive.	238

TABLE DES MATIÈRES.

	PAGES.
XVI. — Résistances cléricales et monarchiques.	242
XVII. — Les fédérations rurales en 1790.	246
XVIII. — Extirpation des derniers vestiges de la féodalité.	252
XIX. — La propriété libre.	257

PIÈCES JUSTIFICATIVES.

N° 1. — Doléances du Mont-Jura.	263
N° 2. — Les deux mémoires de Montjoye-Vaufray.	291
N° 3. — Dénonciations contre les seigneurs et contre leurs agents.	302
N° 4. — Droits représentatifs de l'ancienne servitude.	312
N° 5. — Liste des lois de la Révolution française qui ont aboli la féodalité.	316
N° 6. — Abolition du servage en Europe.	329

Paris. — Imprimerie de E. Donnaud, rue Cassette, 1.

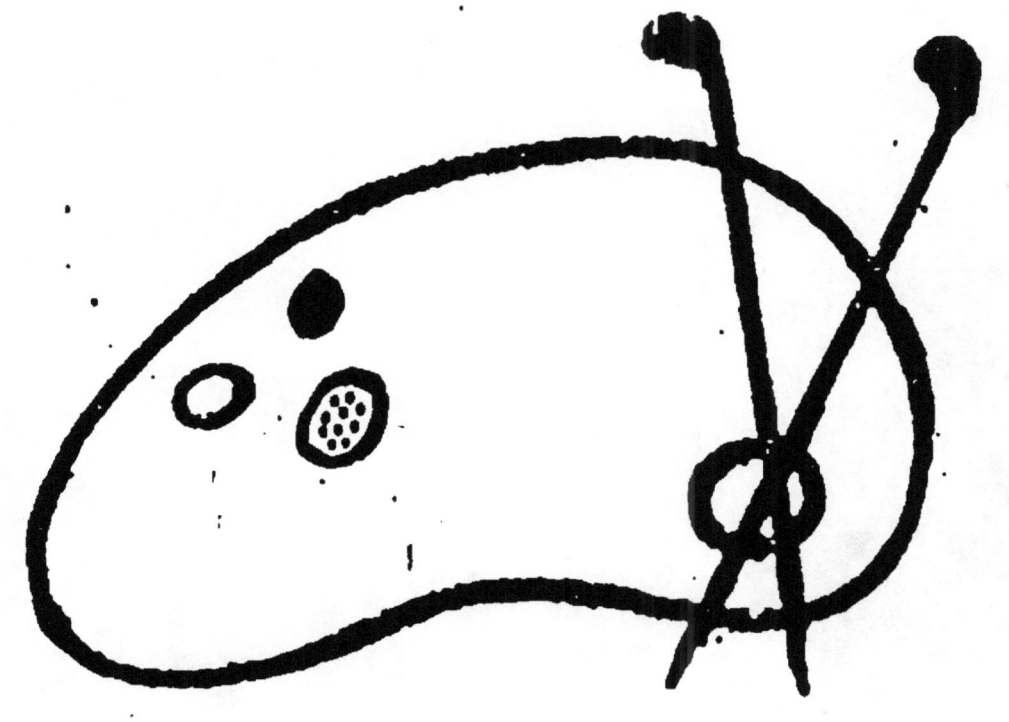

Original en couleur.

www.ingramcontent.com/pod-product-compliance
Lightning Source LLC
Chambersburg PA
CBHW060321170426
43202CB00014B/2615